Franz Hettinger

Die Krisis des Christentums

Protestantische und katholische Kirche

Franz Hettinger

Die Krisis des Christentums
Protestantische und katholische Kirche

ISBN/EAN: 9783744656184

Hergestellt in Europa, USA, Kanada, Australien, Japan

Cover: Foto ©Lupo / pixelio.de

Weitere Bücher finden Sie auf **www.hansebooks.com**

Die

„Krisis des Christenthums",

Protestantismus und katholische Kirche.

Von

Dr. Franz Hettinger.

———··———

Freiburg im Breisgau.
Herder'sche Verlagshandlung.
1881.
Zweigniederlassungen in *Strassburg*, *München* und *St. Louis, Mo.*

Buchdruckerei der Herder'schen Verlagshandlung in Freiburg.

Vorwort.

Der bekannte Prophet einer Cultur ohne Gott hat die Religion in ihrem Verhältnisse zur Verstandesbildung mit dem Gebiete der Rothhäute verglichen, das von deren weißhäutigen Nachbarn von Jahr zu Jahr mehr eingeengt wird[1]. Manche haben ihm Beifall gezollt und sich eingebildet, die Religion zu den Todten legen zu können, um desto eifriger sich mit nützlicheren Dingen zu beschäftigen.

Das ist nun gründlich anders geworden. Selbst die Hartnäckigsten unter ihren Verächtern fangen an zu ahnen, daß die Religion doch etwas zu bedeuten hat, daß sie die ganze Breite des Völkerlebens einnimmt, daß sie nicht bloß ein Factor, daß sie vielmehr das Princip und die Wurzel unserer gesammten Cultur ist. Und unsere Staatsmänner, sofern sie diese sind, können der Erkenntniß sich nicht mehr verschließen, daß sie mit der Religion zu rechnen haben, daß, sobald sie in der Untersuchung der großen politischen Fragen auf den Grund gehen, sie dort die Religion finden. Omnium rerum magnarum a diis immortalibus principia ducuntur.

---

[1] D. F. Strauß, Der alte und der neue Glaube. 1874. S. 142.

Auch die Wissenschaft hat mit der Religion auf's Neue Fühlung gewonnen. Der Geist bleibt doch ewig arm, häufte er auch noch soviel Erfahrungsmaterial auf, wenn es ihm nicht gelingt, zu einer Alles zusammenfassenden, einheitlichen Weltanschauung vorzudringen; und diese, nur unter einem andern Namen, ist die Religion, die christliche Religion, und nur sie allein. Denn die Welt vor Christus hatte bereits alle übrigen Formen der religiösen Idee dargestellt, und sie als unzulänglich wieder weggeworfen. Es gibt nur eine — oder keine.

Die Ueberschrift dieser Blätter möge darum deren Ver= öffentlichung rechtfertigen.

Würzburg, im Mai 1881.

Dr. Hettinger.

Inhalt.

I. Einleitung.

Die politische, sociale und religiöse Lage. — „Krisis des Christenthums.‘ — Unsere Aufgabe.

Das verflossene Jahrzehnt war verhängnißvoll, wie kaum
eine Zeit vorher; Throne brachen und wurden neu gegründet, die alte Ordnung Europa's wurde erschüttert und zum
Theile neu gestaltet, die Beziehungen der politischen Mächte
zu einander empfingen eine tief greifende Veränderung. Und
wie in seinen äußeren Schicksalen, so hat das innere Leben
der Völker nach vielen Richtungen hin eine Wandelung erfahren. Eine allgemeine Unzufriedenheit und Leere geht durch
alle Kreise der Gesellschaft, trotz unserer Siege und unserer
nationalen Einigung; die Einen stürzen sich mit der Gier
des Wahnwitzigen in den Genuß; die Anderen, und es sind
dieß die besseren Naturen, ahnen, daß die Materie nicht den
Durst nach Glück stillt, und wäre diese auch noch so sehr
ästhetisch verfeinert und verklärt; denn der Mensch lebt nicht
‚vom Brod allein‘. So suchen sie denn nach idealen Gütern; doch nach dem ‚Wort, das aus dem Munde Gottes
kommt‘, verlangen sie nicht und sie kennen es kaum. Alles
drängt nach Neubildungen, zum Theil nach Rückkehr zu den
längst verlassenen Grundlagen, auf denen unsere Väter ihre
Institutionen gebaut hatten.

Dabei schreitet Armuth und Noth wie ein unheimliches
Gespenst durch die Länder. An sich ist dieß nichts Neues,
denn Arme hatten wir allzeit bei uns, und wirthschaftliche
Krisen hat die Vorzeit auch gekannt; dieß aber ist der Unterschied von Einst und Jetzt, daß die davon Betroffenen nicht

mehr um eine Gabe flehend die Hand aufheben, sondern sie
drohend entgegenstrecken, um ihr Recht zu fordern. Das sind
Symptome einer bedenklichen Krisis der Gesellschaft. Die
Aerzte stehen um den Kranken und halten Rath; viele Mittel
zur Heilung werden anempfohlen. Aber sie alle vermögen
nicht neues gesundes Blut in die Adern zu strömen, alle
Gesetze und Verordnungen sind nicht im Stande, den Krater
zu schließen, aus dem früher oder später die Feuerströme
hervorbrechen, um verheerend sich über die Fluren zu wälzen,
alles höhere Leben der Gesellschaft, Sitte, Bildung, Wissenschaft und die Gesellschaft selbst zerstörend.

‚Meinem Volke muß die Religion erhalten werden‘,
hat ein erhabener Mund gesprochen, und damit zugleich die
Signatur unserer Zeit ausgesprochen. Die Religion ist das
Centrum des gesammten Menschenlebens; sie gibt ihm seine
Ziele, von ihr empfängt es seine Impulse, sie hebt den
Menschen zu einem so erhabenen, idealen Standpunkt empor,
wie es kein Verstand der Verständigen vermag. Wissenschaft
ist Macht, das mag wahr sein; vor Allem ist sie eine ge-
waltig zerstörende und zersetzende Macht. Große Schöpfun-
gen, segensvolle Institutionen, dauernde Fundamente, auf
denen das Völkerleben sicher und durch Jahrhunderte ruht,
schafft nur der Glaube. Mit der Blüthe des religiösen
Lebens blühte bei den Hellenen Volksthum, Wissenschaft und
Kunst; mit seinem Verfalle verfielen auch diese und das Ge-
meinwesen stürzte ihnen nach. Und als das Römerreich ein
‚Geruch des Todes‘ geworden war, da fand sich Adel und
Vorzug der Menschheit nur noch in den entstehenden Christen-
gemeinden, wo die Seelen von der sie umgebenden Cultur
gewaltsam sich losrissen und mit einem neuen Glauben sich
erfüllten, der langsam, aber mit unwiderstehlicher Gewalt
eine ganze neue Welt hervorbringen sollte. Kann es ein
sprechenderes Zeugniß geben, daß Glaubenslosigkeit im Leben
der Völker gleichbedeutend ist mit Stillstand und Verfall,

Glaube mit dem Aufgang einer neuen Welt, mit Arbeit und Schaffen, mit Martyrthum und Sieg?[1]

Aber auch dieser Glaube ist bedroht; darum das mahnende, warnende Kaiserwort. Das Christenthum — wird in Wort und Schrift verkündet — ist in eine tödliche Krisis eingetreten, ja, es ist längst abgestorben und todt, und der Protestantismus ist nur sein Todtengräber. Wie es sich dagegen in der katholischen Kirche darstellt, ist es nur noch eine Mumie[2]. Da aber die Menschheit der Religion bedarf, ohne Religion nicht leben kann, da namentlich durch die socialistische Bewegung die höchste Gefahr der Gesellschaft droht, und ‚es mit der verweltlichten Irreligiosität auf die Dauer nicht geht‘, wenn nicht die ‚ganze moderne Bildung eine Beute des Ultramontanismus werden soll‘, so können und dürfen wir nicht, wie Strauß[3] vorschlug, auf die Frage: Haben wir noch Religion? mit Nein! antworten. Wie darum die Neuplatoniker dem sinkenden Heidenthum durch philosophische Ideen neues Leben einzuhauchen versucht hatten, so werden uns hier die Grundzüge einer Zukunftsreligion vorgetragen, die viel vollständiger, tiefer, wahrer, allseitiger das religiöse Bedürfniß der Menschheit zu befriedigen vermöge, als das entseelte Christenthum, und eine neue und höhere Entwicklung des religiösen Bewußtseins darstelle, in welcher der Mensch Gott nicht mehr als ein anderes, mit ihm selbst nicht identisches Wesen betrachtet, sondern in der Wesens

---

[1] Vgl. Rößler, Das deutsche Reich und die kirchliche Frage. 1876.

[2] So v. Hartmann in seiner neuesten Schrift: ‚Die Krisis des Christenthums in der modernen Theologie‘. 1880. Dieselbe soll dessen bereits früher erschienene Schriften: ‚Die Selbstzersetzung des Christenthums und die Religion der Zukunft‘ (1874), wie ‚Die Phänomenologie des sittlichen Bewußtseins‘ (1879) ergänzen und vervollständigen.

[3] Der alte und der neue Glaube. 1873. S. 142 ff.

einheit mit Gott das höchste Ziel erreicht hat[1]. Aufgabe
der Individuen nach Hartmann ist es daher, den Erlösungs=
proceß Gottes mittelst der Erfüllung des Weltzweckes und
somit Beendigung des Weltprocesses herbeizuführen. Denn
dem Erscheinungs=Individuum ist die Erlösung von seiner
Pflicht der Mitarbeit durch den natürlichen Tod sicher. Das
ihm zu Grunde liegende Wesen ist aber kein individuelles,
sondern ein absolutes, kann also nicht mehr eine individuelle,
sondern nur eine absolute Erlösung brauchen. Gott kann
daher mich nicht erlösen; denn sofern ich Erscheinung
bin, bedarf ich keiner Erlösung, sofern ich aber Wesen, bin
ich Er selbst. Wohl aber kann ich Gott erlösen,
d. h. an dem Weltproceß, der seine Erlösung herbeiführen
soll, in positivem Sinne mitwirken, und bin demnach be=
rechtigt, zu sagen: nur durch mich kann Gott erlöst
werden.

So wird das Absolute erlöst von seiner transscendenten
Unseligkeit durch die immanente Qual des Weltprocesses; das
reale Dasein ist die Incarnation der Gottheit, der Welt=
proceß die Passionsgeschichte des fleischgewordenen
Gottes und zugleich der Weg der Erlösung des im Fleische
Gekreuzigten[2]. —

Die unermeßlich große Bedeutung der religiösen Frage
drängt uns, zur Orientirung und Befestigung unserer katho=
lischen Glaubensgenossen einen Blick zu werfen auf die gegen=
wärtige Lage des modernen Protestantismus zunächst in
Deutschland; sodann haben wir den fundamentalen Charakter
des katholischen Glaubens darzustellen, und endlich den pro=
jectirten religiösen Neubau einer kurzen Prüfung zu unter=
ziehen, welcher an die Stelle des Christenthums treten soll.

---

[1] Die Krisis des Christenthums. S. 110.
[2] Phänomenologie. S. 870.

II. Das Formalprincip im Proteſtantismus.

Katholiſches Glaubensprincip: der Glaube vom Hören. — Formal=
princip des Proteſtantismus: die Bibel allein. — Unhaltbarkeit
desſelben; fortſchreitender Auflöſungsproceß. — Unterſcheidung zwi=
ſchen Idee und Erſcheinung im Chriſtenthum. — Luther Typus des
unlösbaren Gegenſatzes zwiſchen Autorität und Freiheit; ſeine
Bibelkritik.

Es iſt katholiſche Lehre, daß, wenngleich Gott in außer=
ordentlichen Fällen und auf außerordentlichem Wege den
Einzelnen zur Gnade des Glaubens und durch dieſen zur
Rechtfertigung und Beſeligung berufen kann, in der gegen=
wärtigen Ordnung der Vorſehung und nach dem ausdrück=
lichen Willen Chriſti das kirchliche Lehramt es iſt, durch wel=
ches die Menſchheit zum Glauben gelangt. Die Kirche be=
zeugt[1] die geoffenbarte Wahrheit, ſie lehrt dieſe Wahrheit,
daß wir ‚in der Lehre nicht irren‘[2], und richtet in Glau=
bensfragen. Ihr Wort iſt es, ‚durch welches Alle glauben,
die es gehört haben, oder noch glauben werden, wenn
ſie es hören‘[3]. So ſind Alle hingewieſen an die Kirche,
um von ihr die Worte des Lebens zu empfangen, denn
ihr Wort iſt Chriſti Wort![4] ‚Das hat die Vorſehung
bezüglich der Religion gewollt, das iſt Gottes Gebot, das
iſt die Ueberlieferung von unſeren ſeligen Vorfahren her, ſo
wurde es bis auf unſere Tage herab gehalten; dieß verwirren
oder zerſtören wollen, iſt nichts Anderes, als einen gottes=
ſchänderiſchen Weg zur wahren Religion einſchlagen. Die

---

[1] Joh. 20, 21. Matth. 28, 20. 1 Joh. 1, 2. 1 Cor. 15, 15.
Apoſtelgeſch. 3, 5; 10, 42. Röm. 10, 11. Epheſ. 4, 11.

[2] Auguſtin. De mendac. c. 17.

[3] Auguſtin. Tract. CIX. 1. 2 in Joan.

[4] Auguſtin. l. c. Unde merito dictum est verbum eorum,
quod est verbum fidei, per quod omnes in Christum, undecun=
que id audierint, crediderunt, vel audituri et credituri sunt.

solches beginnen, auch wenn ihnen ihr Wille gestattet wäre, können dorthin, wohin sie streben, nicht gelangen. Denn mag Einer geistig noch so sehr hervorragen, steht Gott ihm nicht bei, dann kriecht er am Boden.'[1]

Dieses Wort des großen Kirchenvaters hat sich im Protestantismus auf erschreckende Weise erfüllt. Darin waren von Anfang an alle protestantischen Bekenntnisse einig, daß die Bibel und nur die Bibel allein Regel und Norm aller Lehren und Lehrer sei[2]. Es sollte dadurch ‚die Kirche auf ihren göttlichen Heilsgrund in Christo zurückgeführt, jede Scheidewand von Menschensatzungen, welche die Papst=kirche zwischen Gottes Heilsoffenbarung in Christo und dem Gläubigen aufzurichten sich vermessen'[3], wieder entfernt wer=den. Dieß ist daher auch das Formalprincip der Reformation, die alleinige Autorität des Wortes Gottes gegen=über jeder menschlichen Autorität neben dem Materialprincip von der Rechtfertigung allein aus Gnade und durch den Glauben allein. Beide sind die geschichtlich zu gleicher Zeit aufgetretenen und sachlich innig miteinander zusammen=hängenden Momente des einen gemeinsamen Grundes, auf dem der Protestantismus in seinen verschiedenen Denomi=nationen ruht.

Es ist hier nicht der Ort, das Formalprincip des Prote=stantismus in seiner inneren Haltlosigkeit nachzuweisen; das haben die katholischen Controversisten seit Bellarmin in über=zeugender Weise gethan, und eine die Sache treffende Wider=legung haben sie bis zur Stunde nicht erfahren, da dieß eben nicht möglich ist, vielmehr ist selbst der gläubige Protestan=tismus, wie sich dieß später ergeben wird, ihnen beigetreten.

---

[1] Augustin. De utilitate credendi c. 10.

[2] F. C. De compend. doctrin. forma p. 570. Artic. Smal-cald. P. I. 2, 13. 15. Conf. Helvet. II. 1. Conf. Remonstr. I. 10. Catech. Racov. q. 31.

[3] A. Biedermann, Christliche Dogmatik. 1868. S. 130.

Ist es ja doch völlig unmöglich, die Aechtheit, Inspiration und Autorität der heiligen Schrift als Gottes Wort ohne das Zeugniß der Kirche ausreichend zu begründen, unmöglich, den Beweis zu erbringen, daß die heiligen Schriften einzig und ausschließlich Regel des Glaubens sein wollen, noch weniger aber, daß sie es sein können.

Aber selbst unter der Voraussetzung, daß Alles dieß bewiesen werden könnte, ist noch lange nicht bewiesen, daß sie ohne jede lehramtliche Vermittlung Glaubensregel sein können, da die protestantischerseits behauptete Deutlichkeit, ‚perspicuitas‘, abgesehen von archäologischen und sprachlichen Schwierigkeiten, durch die Lehre der Schrift selbst [1] und die dreihundertjährige Geschichte des Protestantismus widerlegt wird, wie denn schon die heiligen Väter im Subjectivismus der Schriftauslegung den Grund aller Häresien erblickten [2].

‚Die Inspiration,‘ bemerkt Luthardt [3], ‚wurde von Luther als selbstverständlich vorausgesetzt, ohne eine Theorie darüber aufzustellen.‘ Er hatte eben den Glauben an die göttliche Dignität der heiligen Schrift als das Erbe aus dem verlassenen Vaterhause mit sich hinausgetragen, ohne auch nur zu ahnen, daß dasselbe, wie es dem verlorenen Sohne erging, so bald verschwendet und verloren würde. ‚Die Reformatoren merkten es gar nicht, daß ihr Glaube an die Unfehlbarkeit der canonischen Schriften, den sie mit der Muttermilch eingesogen hatten, ganz ausschließlich auf dem Glauben an die ihn bezeugende Unfehlbarkeit der Kirche und

---

[1] 2 Petr. 3, 16. Apostelgesch. 8, 30. Luc. 24, 27.

[2] Augustin. in Joan. Tract. XVIII. 1: Neque enim natae sunt haereses ... nisi dum Scripturae bonae intelligantur non bene. Serm. VII. 3: Non tamen hoc sentire debemus (in der Schriftauslegung), quod abhorret a regula fidei, a regula veritatis. Civ. Dei XVI. 26: Ad unam catholicae fidei concordiam revocanda sunt.

[3] Compendium der Dogmatik. S. 224.

der kirchlichen Tradition beruhte; weil der Glaube an die Unfehlbarkeit der Schrift ihnen persönlich in Fleisch und Blut übergegangen war, darum ahnten sie gar nicht, daß sie mit dem Protest gegen die Unfehlbarkeit der Kirche und Tradition den Boden der ersteren unterhöhlten, daß sie mit ihm den ersten Stein aus dem festgefügten Gebiete der Hierarchie herausrissen, dem nothwendig unter dem Einfluß der Zeit Stein für Stein abbröckelnd nachstürzen mußte.' [1]

Der Keim der Auflösung war hiemit gegeben. Das Mittelglied bildete der Begriff des ‚Wortes Gottes', welches Luther und die Reformation besonders in ihrer späteren Entwicklung der gesammten heiligen Schrift vindicirten, und im Interesse deren alleiniger Lehrautorität durch Ueberspannung des Begriffes der Inspiration zu wahren suchten. Stehen sich eben Gottes Wort und Menschensatzung schroff und einander ausschließend gegenüber, dann muß jede menschliche Mitwirkung bei der Abfassung der heiligen Schrift ausgeschlossen werden. Das läßt sich nicht läugnen: wenn man ein göttlich eingesetztes Lehramt in der Kirche nicht will, so ist die möglichst starrste Inspirationstheorie ein consequenter Weg, vielleicht der einzig consequente [2]. Noch mehr; sollte die Schrift allein und ausschließlich Norm des Glaubens sein, dann mußte jedes Wort, jeder Buchstabe der heiligen Schrift, selbst die hebräische Vocalisation das alleinige Werk des heiligen Geistes sein [3]. Die heiligen Schriftsteller werden daher nur mißbräuchlich so genannt, sie sind nur „Federn' und „Hände' des heiligen Geistes [4]. Es war dieß nothwendige Consequenz, und mit der eben so nothwendigen Reaction, die durch die

---

[1] v. Hartmann, Die Selbstzersetzung des Christenthums. 1874. S. 9.

[2] Vilmar, Dogmatik. S. 106.

[3] Quenstedt, Theologia didact.-polem. I. 80. Rothe, Zur Dogmatik. Art. 3.

[4] Was der Consensus Helvet. c. 2. 3 auch ausspricht.

offenkundige Thatsache der Verschiedenheit des Stiles, des weniger reinen, der Zeit entsprechenden Charakters der Sprache, der vielfachen Varianten, welche das wahre Wort Gottes in Zweifel stellten u. s. f., unterstützt wurde, mußte auch das ganze scheinbar so fest gegründete und wohlgefügte Fundament stürzen, auf welchem der Bau des protestantischen Glaubens sich erhob.

So war denn die Auflösung des Schriftprincips, somit des Formalprincips und in folgerichtiger Entwicklung des Protestantismus, nur eine Frage der Zeit. Der Zersetzungsproceß trat schon mit Calixt[1] ein, welcher die Inspiration ihrer Ausdehnung nach bloß für die Heilswahrheiten gelten ließ, statt den Gesammtinhalt der Schrift als das Wort Gottes anzuerkennen. Aus der gesammten Alt- und Neutestamentlichen Offenbarungsgeschichte waren es sodann nur die Hauptthatsachen, auf welche das normative Ansehen der Schrift sich beziehen sollte. In weiterem Fortschritte ist es bald nur noch die Person Jesu Christi; aber auch diese wurde darangegeben, und es blieb nur noch seine Lehre, aber auch diese nicht mehr in ihrer biblisch ausgesprochenen Gestalt, sondern nur noch nach ihrem religiösen Geist, dem Geiste der Lehre Jesu. Endlich ließ man nur noch den allgemein religiös-sittlichen Gehalt der heiligen Schrift übrig, den göttlichen Kern in menschlicher Schale.

In gleicher Weise löste man die Lehre von der Inspiration in Bezug auf die Art und Weise derselben allmählich vollständig auf. Die Eingebung der Wörter ließ man fallen und behauptete nur noch jene der Worte; doch bald mußte auch diese einer bloßen Eingebung der Sachen weichen. Da aber der Inhalt selbst nicht mehr als göttlicher betrachtet wurde, so sank der Begriff der Inspiration herab auf eine übernatürliche Anregung zum Schreiben. Mit dem

[1] Resp. c. Mogunt. I. Th. 72.

Verlassen des übernatürlichen Momentes ward dieser Impuls zu einer bloß erhöhten Gewissensanregung dazu, zum Getragensein vom ursprünglichen Geist der religiösen Gemeinschaft u. s. f. verflacht. Hiemit haben wir im Anschlusse an die protestantischen Autoren selbst die Stadien dieses Processes, die nach abwärts führen, angedeutet [1].

So hatte sich denn doch Menschenwort zwischen Gotteswort und das gläubige Subject gestellt, und die Aufgabe, welche den protestantischen Theologen zufiel, war nun diese, die Autorität der göttlichen Wahrheit aus der Umhüllung menschlicher Auffassung und Zuthaten herauszuschälen, d. h. die Autorität, welcher der Christ sich gläubig hingeben kann und soll, erst zu suchen, und die gefundene als solche festzustellen.

Hiemit war für die Weiterentwicklung der Reformation das Problem gegeben. „Indem der Protestantismus das Wort Gottes allein als unbedingte Glaubensnorm anerkannte, hatte er zwar sein Princip richtig formulirt, aber dadurch, daß er mit diesem dogmatischen Begriff unmittelbar den historischen der heiligen Schrift identificirte, und, was von jenem galt, unmittelbar auf diesen übertrug, ist er in Durchführung seines Princips noch auf halbem Wege und mit einem Fuße auf dem Boden des katholischen Autoritätsprincips stehen geblieben. Denn hier ist gerade das geschehen, was dieses katholische Princip ausmacht: es ist eine menschliche Glaubensvermittlung zur Bedeutung des Offenbarungsquells selbst erhoben.‘ [2] Andere [3] drücken sich in

---

[1] Belege hierfür bei Kahnis, Luth. Dogmatik. I. S. 659 ff. Schleiermacher, Red. über Religion. 2. Red. Glaubenslehre § 123. Sack, Apologetik. S. 131. Rothe, Ethik. § 406, und: Zur Dogmatik. 1862. Lange, Dogmatik. I. § 81, und bes. Henke, Lineamenta institution. fid. p. 39. Wegscheider, Institut. p. 44. Strauß, Glaubenslehre. I. S. 172 ff.

[2] Biedermann a. a. O. S. 132.

[3] A. Lipsius, Dogmatik der evang.=protest. Kirche. 1876. S. 123.

dieser Beziehung noch entschiedener aus. Nach ihnen ist der
Protestantismus nach seinem geistigen Gehalte die grundsätz-
liche Unterscheidung der religiösen Idee des Christenthums
von jeder seiner geschichtlichen Erscheinungsformen. Daher
ragt die Tragweite des protestantischen Princips über seine
erste geschichtliche Ausprägung hinaus, indem dieselbe
reformatorische Tendenz, welche der ältere Protestantismus
gegen die katholische Kirche geltend machte, nun fort und
fort gegen jede geschichtlich eintretende Trübung der christlichen
Idee erneuert werden muß; darum darf keine Gestaltung
des christlichen Gedankens, weil in der Zeit geworden und
darum den Gesetzen alles Gewordenen anheimgegeben, göttliches Ansehen gewinnen, das Heil darf von keinem künstlich fest
bestimmten Dogma abhängig gedacht werden. Findet der
Protestantismus ja gerade darin seinen Beruf, das wahre
Wesen des Christenthums immer reiner auszu-
mitteln, immer vollkommener die Religion der Erlösung
zu fassen. So ist die Unterscheidung von Idee und Erscheinung im Christenthume das Palladium des Protestantismus, das seinen tieferen religiösen Inhalt sichert und vor
jeder Trübung wahrt.

Durch den nothwendig eingetretenen Bruch mit der alt-
orthodoxen Vorstellung von der heiligen Schrift als alleiniger
Glaubensregel auf Grund der oben erwähnten strengen Inspirationstheorie war der ganze Bau des Glaubens in seinen
Grundfesten wankend geworden. Eine allgemeine Auflösung
nicht bloß des altprotestantischen Autoritätsglaubens an sich,
auch ein Verzicht auf dessen Inhalt, der das Wesen des
Christenthums selbst preisgab, war die Frucht dieser Daran-
gabe des als unhaltbar erkannten Princips[1]. Wenn wir

---

[1] Selbst Tholuck, Rothe, Kahnis, Luthardt haben die
alte Inspirationslehre aufgegeben. Vgl. Luthardt, Compendium
der Dogmatik. S. 233.

den Wortführern des liberalen Protestantismus glauben, so
war dieses allgemeine Preisgeben der christlichen Grund- und
Kernwahrheiten zugleich mit der bloß geschichtlichen Gestaltung
derselben eine nothwendige Entwicklungsphase im
Protestantismus, der Durchgangspunkt für eine vollständige
protestantische Ausbildung des Formalprincips[1]. Wie wir
sahen, wird uns nach Abtragung des baufällig gewordenen
Hauses, in welchem das neue Geschlecht nicht mehr sicher zu
wohnen sich getraut, nach dessen daher nun einmal nothwendig
gewordenem Abbruche ein haltbarerer Neubau verheißen; bis
zu dessen Vollendung müssen wir allerdings in provisorisch auf-
gerichteten Hütten wohnen, welche die Reaction der Verstandes-
kritik aus den Trümmern der christlichen Glaubenslehre noth-
dürftig gezimmert hat. Dafür wird uns für künftige Zeiten
eine desto festere Burg des religiösen Bewußtseins versprochen,
in der wir uns wohnlicher einzurichten vermögen, als in den
gothischen Hallen des alten Glaubens. Wenn es nur keine
Kartenhäuser wären! Auf das Gesammtresultat des dogmen-
geschichtlichen Processes soll die neue Glaubenswissenschaft
sich gründen, die dann auch dem Bedürfnisse der Gegenwart
am vollkommensten entspricht. Dieß geschieht aber dadurch,
daß die dogmatische Darstellung den der jedesmaligen Er-
kenntnißstufe angemessenen wissenschaftlichen Ausdruck[2] bildet,
der mit den Thatsachen der religiösen Erfahrung und aller
„anderweiten gesicherten Erfahrung" im Einklange sich befindet. Sie ist darum nirgends an den Schriftbuchstaben ge-
bunden; dieß wäre eine Identificirung der biblischen Vorstellungsformen mit dem in ihnen geschichtlich ausgeprägten
Glaubensinhalt. Sie hat vielmehr das in der Geschichte
sich darstellende religiöse Bewußtsein wissenschaftlich zu begreifen und auszusprechen.

---

[1] Biedermann a. a. O. S. 133.
[2] Lipsius a. a. O. S. 154.

Die moderne, speculative Theologie hat hiemit einen Schritt vorwärts gethan, über Schleiermacher und die gesammte Vermittlungstheologie hinaus. Sie will nicht bloß die Thatsachen des religiösen Bewußtseins beschreiben, wie dieser; sie begnügt sich auch nicht, sie als ein einheitliches Ganze aus dem ihnen zu Grunde liegenden religiösen Princip zu entwickeln: sondern sie will sie zugleich in den Zusammenhang einer in allen ihren Einzelheiten geschlossenen Weltbetrachtung hineinstellen, um dadurch indirect die nicht bloß subjective, sondern objective und allgemein giltige Wahrheit der vorausgesetzten religiösen Grundanschauung zu erweisen. Daß die dogmatischen Sätze auf diesem Wege eine vollständige Umbildung erfahren, versteht sich von selbst; aber ihr wesentlich religiöser Gehalt soll dadurch nur um so reiner heraustreten, und wir erfassen nun nach ihr das eigentliche Wesen des Christenthums viel tiefer und richtiger, als dieß im Apostolischen Zeitalter und in den Jahrhunderten nachher geschehen ist (!). Erst in dem Maße, als wir das christlich=religiöse Princip, das mit der Persönlichkeit Jesu neu in die Geschichte eingetreten ist, speculativ auf seinen reinen Gedankenausdruck, wenn auch nur annäherungsweise, bringen, ist der positiven Aufgabe des Protestantismus Genüge geschehen.

Das hatte nun freilich Luther nicht gewollt, noch auch nur geahnt. Aber sein Werk trug diesen Keim der Zerstörung vom ersten Tage an in sich, und er selbst, dieser Mann der Gegensätze, kühn in seinen Antithesen, unbestimmt und unstet in seinen Thesen, heftig in der Polemik, schwankend in der Dogmatik, jetzt zu einer alles Maß überschreitenden Freiheit aufrufend und bald wieder zur starrsten Lehrautorität zurückkehrend, stellt in seiner Person diesen unlösbaren Zwiespalt des Protestantismus dar, an dem derselbe nothwendig untergehen mußte. Ja, gerade in Bezug auf die heilige Schrift erscheinen in ihm diese unvermittelten Gegensätze.

Keiner betont so wie er die Schrift als das Wort Gottes, aber auch Keiner unterwirft so dieselbe Schrift seiner subjectiven Werthschätzung, je nachdem die einzelnen Bücher derselben ‚Christum treiben‘ oder nicht. ‚Was Christum nicht lehrt, das ist auch nicht apostolisch, wenn es gleich St. Petrus oder Paulus lehrte. Wiederum, was Christum predigt, das wäre apostolisch, wenn's gleich Judas, Hannas, Pilatus und Herodes thät.‘ [1] Darum ist ihm das Johannesevangelium ‚das einige, zarte, rechte Haupt=Evangelium‘, über die drei anderen Evangelien und ebenso die Briefe Pauli und Petri, ‚sonderlich die zu den Römern, Galatern, Ephesern und 1. Petri‘. ‚Darum ist St. Jakob eine recht strohene Epistel gegen sie, denn sie doch keine evangelische Art an ihr hat.‘ [2]

Nach ihm stehen die drei ersten Evangelien mit der Apostel=geschichte nur äußerlich an der Spitze des eigentlichen Kanons der Glaubensgerechtigkeit: Johannesevangelium nebst 1. Jo=hannes, Briefe des Paulus ohne den Hebräerbrief und 1. Petri, wozu 2. und 3. Johannis nebenbei hinzukommen. In diesen Schriften fand Luther, wenn auch mit Unterschied, das ächte Christenthum der Glaubensgerechtigkeit wieder. Darum achtete er St. Jakobs Epistel für keines Apostels Schrift, weil sie ‚stracks wider St. Paulum und alle andre Schrift den Werken der Gerechtigkeit gibt‘. ‚Darum dieser Mangel schleußt, daß sie keines Apostels sei.‘ Dieser Brief gehört daher nicht in die Zahl ‚deren rechten Hauptbücher‘. Nicht aus geschichtlichen Gründen, als ein Antilegomenon der alten Kirche, sondern aus dem rein dogmatischen Grunde seines Widerspruchs gegen die Rechtfertigung aus dem Glauben allein hat also Luther den Jakobusbrief verworfen. Auch bei der Apokalypse liegt der innere Grund ihrer Verwerfung am Tage. ‚Das Recht, welches früher nur der Kirche im Ganzen zustand, über die göttliche

---

[1] Vorr. zu der Epistel St. Jakob.
[2] Vorr. zum Neuen Testament. 1524. Vgl. G. Frank, De Luthero rationalismi praecursore. 1857. p. 28 sq.

Eingebung fraglicher Schriften (auf Grund der Tradition) zu entscheiden, nimmt der deutsche Reformator hier in der Stärke seines christlichen Bewußtseins für sich selbst in Anspruch.'[1] Deßhalb wollte Luther dieses Buch weder prophetisch noch apostolisch achten, weil er nicht spüren konnte, ‚daß es vom heiligen Geiste gestellet sei'. Offen gestand er: ‚Mein Geist kann sich in das Buch nicht schicken, und ist mir Ursache genug, daß ich sein nicht hoch achte, daß Christus darinnen weder gelehret noch erkannt wird, welches doch zu thun vor allen Dingen ein Apostel schuldig ist, wie er sagt Act. 1, ihr sollt meine Zeugen sein, darum bleib ich bei den Büchern, die mir Christus hell und rein dargeben.'[2]

III. Die moderne Bibelkritik. D. F. Strauß.

Der englische Deismus und deutsche Rationalismus. — Die Mythenhypothese; ihre Voraussetzungen. — Letzte Resultate derselben. — Leugnung des Christenthums.

Es war im Jahre 1835, als aus dem Tübinger Stifte, dieser Mutter des reinen, orthodoxen Protestantismus, aus dem Schooße einer Landeskirche, in der Bengel, Storr, Flatt, Steudel gelebt und gewirkt hatten, ein Buch ausging, das die theologische und die gesammte protestantische Welt in gewaltige Bewegung setzte. Sein Verfasser war David Friedrich Strauß, fast ein Jüngling noch, aber ausgerüstet mit dem ganzen Waffenvorrath, den die bisherige biblische Kritik von den Männern der Uebergangstheologie und des Rationalismus bis zu seinen Tagen ihm zu Gebote gestellt hatte.

---

[1] Vgl. Hilgenfeld, Histor.-krit. Einleitung in das N. Test. 1875. S. 176.
[2] WW. XIV. Vorr. S. 13. S. 151 f.

Ausgehend von dem Grundgedanken Hegel's, der das Object
mit dem Subject, Spinoza mit Fichte zu versöhnen suchte, und
bestimmt durch den durchschlagenden Gedanken der Immanenz Gottes, den er in Berlin, zu Hegel's Füßen sitzend, als
Schibboleth seiner religiösen Weltanschauung aufgenommen
hatte, ging er daran, das Christenthum in dieser Richtung
speculativ zu erfassen, weil so sich ihm die Möglichkeit zu
bieten schien, das Vergängliche in demselben fallen zu
lassen und das Bleibende festzuhalten [1]. War hiemit das
leitende Princip festgestellt, so mußte von hier aus eine völlige
Umbildung der evangelischen Geschichte in Angriff genommen
werden, um das, was diese von dem Individuum, dem
Jesus von Nazareth aussagt, als Attribut der Gattung
speculativ begreifen zu können. Noch im Jahre 1839 hatten
ein großer Theil des protestantischen Deutschland, selbst ganze
Synoden, auf Anlaß des Jubiläums, welches der Kirchen-
rath H. E. G. Paulus, dieser ausgesprochenste Typus der alt-
rationalistischen Exegese, zu Heidelberg feierte, diesen als ‚prae-
ceptor Germaniae' gepriesen; noch hatte der nüchterne Rationalismus mit seiner natürlichen Wundererklärung, seiner
Accommodationshypothese, der durch Einschiebung von Mittelursachen, durch geschickte Erklärungen und Deutungen alles
Uebernatürliche aus der Erscheinung des Herrn entfernt und
eine natürliche Geschichte des ‚großen Propheten von Nazareth',
‚der erhabensten Erscheinung auf dieser sublunarischen Welt',
hergestellt zu haben sich glücklich pries, vielfach das theologische
Feld in Besitz. Ließ es sich doch dabei so gut christlich und
bequem zugleich denken und leben. Der Naturalismus und
Deismus der englischen Freidenker, der nur in dem Wolfenbüttler Fragmentisten (1774—78) in Deutschland Nachklang
fand, war in schroffe Opposition gegen Kirchen- und Christenthum getreten; ihm sind die Evangelisten Betrüger, und der

---

[1] Leben Jesu. II. Bd. Schlußbetrachtung.

ganze Plan des angeblichen Lebens Jesu nur ausersonnen, um
mittelst Lüge und Betrug zur Herrschaft zu gelangen. Nicht
so der deutsche Rationalismus. Er wollte eben innerhalb der
Kirche bleiben, ja er schrieb sich gerade das Verdienst zu,
‚die Vernunftreligion mit dem positiven Protestantismus zu
verbinden‘, und die ‚reine Lehre Jesu‘ wieder herzustellen.

Die euhemeristische Mythendeutung hatte die Götter der
hellenischen Religion als gute und wohlthätige Menschen der
Vorzeit, als weise Gesetzgeber und gerechte Fürsten aufgefaßt,
welche die dankbare Nachwelt mit dem Heiligenscheine des
Göttlichen umgab; sollte dieß nicht der richtige Weg auch
für die Bibelforschung sein, auch in Christo nur einen durch
besondere Weisheit und Edelmuth hervorleuchtenden Menschen
zu erblicken, dem die zum Dank verpflichtete Nachwelt nur
fälschlicher Weise göttliche Ehren zugeschrieben hat? Und
sollten seine Thaten von den noch auf niedriger Bildungsstufe stehenden Zeitgenossen, und im Geiste seiner Zeit von
den Evangelisten aufgefaßt, als Wunder erzählt und ange-
staunt, nicht viel richtiger als Wirkungen seiner hervorragen-
den Persönlichkeit, vielleicht auch besonderer magnetischer Begabung seiner Natur und ausgezeichneten Kenntniß der Na-
turkräfte gedeutet werden können? Dieß bejaht der Rationalismus. Er unterscheidet zwischen der erzählten Thatsache,
die er als historisch glaubwürdig annimmt, und dem Urtheile
über die Art und Weise, wie die biblischen Berichterstatter
dieselbe auffassen. Die Aufgabe des Kritikers ist es daher,
diese beiden Bestandtheile der Erzählung zu sondern, und
aus der Hülle von persönlichen und Zeitmeinungen den reinen
Kern des Geschehenen herauszulösen. Wo nun die biblische
Erzählung keine Anhaltspunkte zur Erklärung bietet, in welcher Weise etwa der Vorgang den Eindruck einer übermenschlichen, von göttlicher Ursache gewirkten That hervorrief, be-
gibt der Kritiker sich im Geiste auf den Schauplatz der Be-
gebenheit und sucht von da aus die Erzählung durch vor-

auszuſetzende erklärende Nebenumſtände zu ergänzen, welche
der Berichterſtatter überſah oder, in ſeinem ſupernaturaliſti=
ſchen Urtheile befangen, gar nicht erwähnt hat. So wird
denn Jeſus von Nazareth ein edler und weiſer Mann, der
im Geiſte ſeiner Zeit angeſehen als Gottes Sohn erſchien, und
wir nennen ihn daher auch ſo, weil wir dieſes Wort im
moraliſchen Sinne faſſen. Er wollte ſterben für ſeine Ueber=
zeugung wie Sokrates, doch ſcheintobt vom Kreuze abgenommen,
kehrte er zum Leben zurück, was den Glauben an ſeine Auf=
erſtehung veranlaßte, und zugleich in dieſer Belebung des
Scheintodten das Walten der göttlichen Vorſehung beurkundet.
‚Ja, wir bewundern hier den leiſen Gang der Vorſehung
Gottes, der eine Radicalzerſtörung des Lebensprincips zu ver=
hüten, und nachher im Verborgenen, aber im alten Einverſtänd=
niß mit der Natur, ſo wundervoll zu wirken wußte, daß der,
welcher ſein Haupt neigte und verſchied, es wieder aufrichten
und leben konnte ... Die Grundkraft des Lebens, die ohne
gewaltſame Verletzung edlerer Theile in einem jugendlich
ſtarken, durch keine vorausgehende Todeskrankheit verzehrten
Körper nicht ſogleich vernichtet wird, war gleichſam in die
innerſten Receptacula zurückgewieſen und würde dort, wie ein
dorrender Keim, ganz verdorrt, wie ein letztes Fünklein ohne
eine Nahrung allmählig völlig erloſchen ſein, wenn nicht die
Vorſehung für ihren Liebling auf unbekanntem Wege das ge=
wirkt hätte, was ſie bei Anderen durch bekannte Kunſt
und Menſchenhände wirken läßt ... So iſt der ſcheintodt
geweſene Jeſus wieder auferſtanden ... Und dann hat er
mit aufgehobenen Händen und doch ſo, daß er überhaupt
vor ihren Augen erhabener erſchien, ein Dankgebet und feier=
liche Abſchiedsworte ſprechend, ſich von ihnen entfernt.‘ Die
Lehre vom Jenſeits ſpricht eben nur im orientaliſchen Bilder=
ſchmuck den Glauben an eine Fortdauer und Vergeltung nach
dem Tode aus.

In dieſes ſcheinbar fein geſponnene und mühſam ge=

schaffene Gewebe griff nun der junge Schwabe mit rauher Hand ein und zerriß es von einem Ende bis zum andern. Es war wahrlich nichts Großes, dieses unwahre, gekünstelte, weder den wahrhaft Gläubigen noch den entschieden Ungläubigen Genüge bietende Verfahren in seiner Haltlosigkeit und Unwissenschaftlichkeit zu enthüllen und an den Pranger zu stellen. Aber was nun? Soll er zur Anschauung des Supranaturalismus zurückkehren? Aber dann mußte er in den erzählten Thatsachen und Ereignissen übernatürliche Vorgänge, Wunder annehmen; doch das Wunder ist nun einmal unmöglich. Seine Annahme müßte den Naturzusammenhang ,durchlöchern', das Princip der Immanenz läßt nur für ein der Welt innewohnendes, gesetzliches, sich selbst stets gleiches Walten der Gottheit Raum; ein vereinzeltes, Ausnahmen schaffendes, darum sich selbst widersprechendes Wirken derselben in der Welt gehört der Stufe der Vorstellung, einem naiven, längst und völlig überwundenen Standpunkte an. Darum kann er mit den Supranaturalisten nicht gehen; aber mit den Rationalisten zu gehen, verbietet ihm sein gesunder Sinn, sein kritisches Gewissen, selbst sein ästhetischer Geschmack.

So wandte sich denn Strauß gegen beide Richtungen, indem er die Grundvoraussetzung beider, die historische Wirklichkeit der evangelischen Vorgänge, kritisch zersetzte; das Residuum, das ihm blieb, wurde verwendet, um als Spiegelbild zu dienen für die mythische Phantasmagorie, in welche sich zuletzt das Leben Jesu und die Anfänge des Christenthums umgestalten mußten. Die Evangelien sind das nicht, wofür sie seit siebenzehnhundert Jahren gehalten wurden. Sie sind nicht Geschichte, weder natürliche noch übernatürliche; sie sind nur der Niederschlag von Mythe und Dichtung, die Darstellung der ,absichtslos dichtenden Sage'. Ein Neues hat Strauß hiemit nicht ausgesprochen; sein negatives Verdienst war es nur, die Mythenhypothese consequent durchgeführt zu

haben, welche seine Vorgänger[1] bereits aufgestellt, aber nur
unvollständig angewendet hatten. ,Man fuhr durch das Pracht-
thor der Mythe,' sagt Strauß[2], ,in die evangelische Geschichte
hinein und durch ein ähnliches wieder hinaus, begnügte sich
aber für das Dazwischenliegende mit den krummen und müh-
seligen Pfaden der natürlichen Erklärung.'

So trat denn die ,voraussetzungslose' Kritik in den Dienst
der mythischen Schrifterklärung. Diese Voraussetzungslosig-
keit war aber nur eine fälschlich so genannte; denn Grundvoraussetzung und Impuls für die äußere und noch mehr für
die innere Kritik war das Axiom: Wunder sind nicht möglich, darum auch nicht wirklich. Die Kritik suchte die Un-
geschichtlichkeit der evangelischen Thatsachen vor Allem aus
inneren Gründen, aus ihrer Unwahrscheinlichkeit, ihrer Unmöglichkeit, die dem Kritiker von vornherein feststand, nachzuweisen; die Widersprüche unter den drei ersten Evangelien,
den Synoptikern selbst, und die noch größeren zwischen diesen
und dem Evangelium nach Johannes gab eine zweite Beweis-
gruppe gegen die Wirklichkeit des Geschehenen. Zuletzt stellte
er seine Triarier in's Feld; es sind dieß die Beweise für die
späte Abfassungszeit unserer Evangelien, welche erst dem zweiten
Drittel des zweiten Jahrhunderts angehören, also weder von
Augen- und Ohrenzeugen geschrieben sind, noch aus dem Kreise
der Jünger des Herrn stammen, welche längst gestorben waren.

Das Resultat dieser Kritik verzehrte wie ein fressendes
Feuer fast die ganze heilige Schrift; selbst jeder Versuch, das
Schlingkraut der Sage, welches den Baum des Geschichtlichen
ganz überwuchert hat, hinwegzuschneiden, jede Scheidung des
Mythischen und Geschichtlichen, welche Strauß anfänglich noch
angestrebt hatte, um daraus ein ideales Christenthum zu reconstruiren[3], als speculatives System im symbolischen Gewande —

---

[1] Kuinoel, Ammon, Gabler.
[2] Leben Jesu. I. S. 48.
[3] Leben Jesu, Schlußabhandlung. II. S. 734.

mußte ihm mehr und mehr mißlingen, je weiter seine Kritik in der Negation vordrang. Daher bekennt er am Ende seines Lebens: „Jesus kann darum nicht mehr Vorbild für uns sein, auch nicht als geschichtlicher Mensch, in der Art, daß von ihm unser religiöses Empfinden noch immer bedingt wäre, an den die Menschheit zur Vollendung ihres inneren Lebens mehr als an irgend einen anderen ihrer großen Männer gewiesen bliebe. Denn wir wissen viel zu wenig Zuverlässiges über ihn. Die Evangelisten haben sein Lebensbild so dick mit übernatürlichen Farben überstrichen, durch sich kreuzende Tendenzlichter so verwirrt, daß die natürlichen Farben, die ursprüngliche Beleuchtung nicht mehr herzustellen sind. Es ist ein eitler Wahn, daß aus Lebensnachrichten, die, wie unsere Evangelien, auf ein übermenschliches Leben angelegt und noch außerdem durch streitende Parteivorstellungen und Interessen in allen Zügen verzerrt sind, sich durch irgendwelche Operationen ein natürliches, in sich zusammenhängendes Menschen- und Lebensbild herstellen lasse ... Nicht bloß wie Jesus gewor-den, sondern auch was er geworden und schließlich gewesen ist, tritt für uns keineswegs bestimmt zu Tage ... Ein Wesen, das ich nur in schwankenden Umrissen sehe, das mir in wesentlichen Beziehungen unklar bleibt, kann mich zwar als Aufgabe für die wissenschaftliche Forschung interessiren, aber praktisch im Leben mir nicht weiter helfen. Ein Wesen mit bestimmten Zügen, woran man sich halten kann, ist aber nur der Christus des Glaubens.'[1]

J. Huber hatte um dieser letzten Aeußerungen willen die Anklage gegen Strauß erhoben, daß er von einer früheren höheren Auffassung der Person Jesu und des Christenthums in der erwähnten letzten Schrift abgefallen sei.

Bitter bemerkt hierauf der ergraute Polemiker: ‚Nun, Abfälle, das kann der rührige Vorkämpfer des Altkatholicis-

---

[1] Der alte und der neue Glaube. S. 77 ff.

muß aus Erfahrungen in seiner nächsten Nähe wissen, pflegen
ihre sehr bestimmten Motive zu haben. Mein Abfall könnte
seine äußere Veranlassung nur etwa darin haben, daß ge=
wisse Rücksichten, die mich früher abhielten, das Aeußerste zu
sagen, neuestens weggefallen wären. Davon ist aber keine
Rede ... Wenn ich in meiner neuesten Schrift ausführe, in
Jesus auch ferner den Mittel= und Anhaltspunkt unseres reli=
giösen Lebens zu erkennen, finden wir uns hauptsächlich durch
zwei Umstände abgehalten: daß wir nämlich für's Erste viel zu
wenig Zusammenhängendes von ihm wissen, und für's Zweite
in dem, was wir von ihm wissen, einen schwärmerisch=phan=
tastischen Zug bemerken — so liegt hierin augenscheinlich kein
Abfall, sondern lediglich das in der Entwicklung wissen=
schaftlicher Ueberzeugungen durchaus normale Ergebniß vor,
daß ich gewissen Bedenken, deren ich mich früher noch er=
wehren zu können meinte, nun vollständigen Raum ge=
geben habe.'[1]

Ueberblicken wir nun die Entwicklung, die der Protestan=
tismus vom Rationalismus zum Mythicismus und zuletzt
zum Nihilismus durch Strauß genommen. Tholuck stellt
sie uns dar, wenn er in seinen Gesprächen über die vor=
nehmsten Glaubensfragen den neuesten Vertreter des Fort=
schrittes zu den alten Rationalisten sprechen läßt: ,Mit der
Autorität der Kirche hatte der freie, vernünftige Geist in
Luther gebrochen; von dem Eisen, das an jenes alte Ge=
mäuer ihn geschmiedet, war er frei geworden, aber noch
waren seine Hände und Füße gefesselt, denn die Autorität
der Bibel blieb. Da seid ihr Rationalisten gekommen, habt
die Hand= und Fußfesseln gesprengt; ihr habt gezeigt, daß es
mit Inspiration und Bibel nichts sei, aber noch zu schwachen
Muths, die gesprengten Fesseln von euch zu schleudern, habt
ihr sie noch fort und fort um eure Hände und Füße schlottern

---

[1] A. a. O. Nachwort. S. 34.

laſſen. Den Kern habt ihr aus der Bibel ſo ziemlich her=
ausexegeſirt, habt ſtattlich den Beweis geführt, daß von Wun=
dern und Verſöhnung und einem dreieinigen Gott nichts in
der Bibel ſteht, aber die Hülſe, das Wort, habt ihr als heilig
ſtehen laſſen. Ihr hattet Recht in dem, was ihr verwarfet,
aber Unrecht in dem, was ihr behieltet.'

IV. F. Chr. Baur und die Tübinger.

Das Chriſtenthum Product innerer Kämpfe; Petriner und Pauliner. —
Die Evangelien Tendenzſchriften. — Milderung der ſchroffen Auf=
ſtellungen bei den Epigonen. — Annahme von außerordentlichen
Vorgängen im Leben Jeſu.

Auf Strauß folgte F. Chr. Baur und ſeine Schule, in wel=
cher als die Hervorragendſten Schwegler und Zeller erſcheinen,
denen die Heidelberger Hausrath und Schenkel, Holtzmann,
Keim u. A. mehr oder weniger eigenartig ſich anſchloſſen.
Sie hatten ſich die Aufgabe geſetzt, die Arbeiten Strauß' zu
ergänzen, den negativen Reſultaten ſeiner Kritik poſitive Er=
gebniſſe zur Seite zu ſtellen. Urſprung, Alter, Werth, Ten=
denz der evangeliſchen Berichte ſollte ermittelt, der Ideenkreis,
in dem ſie entſtanden, das eigenthümliche Gepräge ſowie ihre
dogmatiſche Färbung ſollten durch die minutiöſeſten Unter=
ſuchungen, durch Vergleichung und Combination mit den An=
ſchauungen des zweiten Jahrhunderts und den damals die
Kreiſe der alten Kirche bewegenden Gegenſätzen dargelegt
werden.

Grundvorausſetzung dieſer Kritiker iſt der Satz: Das
Chriſtenthum und die alte Kirche iſt das Product all=
mählicher Entwicklung. Erſt nach langen und vielen
Kämpfen konnte das Urchriſtenthum, das auf dem Boden
des Judenthums entſtanden war, ſich zu ſeiner reinen Idee

verklären. Das erste Christenthum war Judenchristenthum
und der erste christliche Glaubensinhalt bestand in dem Bekenntniß: Jesus ist der Christ, der verheißene Messias. Das
Christenthum, anfänglich nur ein vergeistigtes Judenthum,
wurde erst durch Paulus auf seine höhere Stufe erhoben,
als neues Lebensprincip für die ganze Menschheit, Juden
und Heiden. Da mußte denn nothwendig ein Gegensatz
zwischen dem auf den Judenaposteln Petrus, Jakobus, Johannes beruhenden Judenchristenthum — Petriner — und
dem des Heidenapostels Paulus — Pauliner — entstehen.
Derselbe zieht sich nach dem Tode des Apostels bis zur
zweiten Hälfte des zweiten Jahrhunderts fort, und von ihm
aus sind daher sämmtliche Schriften des Neuen Testamentes
zu beurtheilen, hier liegt der Schlüssel für ihr Verständniß
und ist die Antwort gegeben auf die Frage nach ihrem Alter
und den Kreisen, denen sie entstammen; in einigen spricht sich
noch die ganze Heftigkeit des hin- und herwogenden Kam-
pfes aus, wie in den vier ersten Briefen Pauli, in andern
tritt die Tendenz hervor, diese Gegensätze zu vermitteln.
So sind die meisten canonischen Schriften Tendenzschriften,
geschrieben zum Zwecke der Ausgleichung der entgegenstehenden
Richtungen. Erst in der Mitte des zweiten Jahrhunderts,
veranlaßt besonders durch den gemeinsamen Kampf gegen den
Gnosticismus und unter dem Drucke der Verfolgungen, trat
eine allmähliche Verschmelzung, das Bewußtsein der Zusam-
mengehörigkeit ein, der Einen katholischen Kirche. Dieser Zeit
gehören daher die meisten der canonischen Schriften an.

Als positives Resultat stellt sich nun heraus: Unsere Evangelien sind nur Ueberarbeitungen eines älteren Evangelien-
stammes mit dem Charakter der strengsten, particularistisch-
judaisirenden Anschauung. Unserm Matthäus ging ein (petri-
nischer) Ur-Matthäus, dem Lucas ein etwas späterer (paulini-
scher) Ur-Lucas voraus, beide durch Zusätze modificirt und nach
verschiedenen Richtungen hin und aus verschiedenen Tendenzen

überarbeitet. In der Apostelgeschichte, deren Verfasser der Ueberarbeiter des Ur-Lucas ist, liegt der Versuch vor, die Ausgleichung der Parteien historisch darzustellen, indem Paulus als Petriner und Gesetzeseiferer, Petrus mit paulinischem Universalismus erscheint. Das Johannesevangelium endlich ist eine rein ideelle Composition jüdisch-alexandrinischer Religionsphilosophie; die historisch auftretenden Personen sind nur die Typen von Ideen, Träger der Parteistellungen. Unter den Briefen gelten nur die vier ersten (Römer-, Galater- und die beiden Korintherbriefe) als ächte Schriften Pauli; sie schildern den mächtigen Kampf des Apostels der Heiden mit dem engherzigen Judenchristenthum. Die Briefe an die Epheser, Kolosser, Philipper, die Thessalonicher und Philemon tragen ein abgeblaßtes Gepräge des paulinischen Geistes, namentlich seiner Lehre von der Rechtfertigung durch den Glauben, eine Empfehlung der guten Werke; sie gehören darum dem zweiten Jahrhunderte an. Die Pastoralbriefe endlich kommen der Zeit bereits nahe, da die Verschmelzung der Gegensätze sich schon vollzogen hatte, und stehen mit den Briefen Polycarps und des hl. Ignatius in einer Reihe. Dieß das Resultat der ‚höheren‘ Kritik bei F. Chr. Baur, welche G. Volkmar noch zu überbieten suchte[1].

Allerdings haben manche der später Gekommenen einzelne Behauptungen gemildert. Köstlin und Hilgenfeld setzen das Matthäusevangelium vor das Jahr 80, Holtzmann und Keim selbst noch vor die Zerstörung von Jerusalem; ebenso rücken sie das Markusevangelium auf das Jahr 100, ja vor dasselbe zurück; Aehnliches geschah bezüglich des Lucasevangeliums, das Holtzmann[2] höchstens zehn Jahre nach der Zerstörung Jerusalems geschrieben sein läßt. Ebenso ließ man sich von dieser Seite zu manchen Concessionen her-

---

[1] Die Religion Jesu. 1857. Die geschichtstreue Theologie. 1858.
[2] Die gnostischen Evangelien. S. 410.

bei bezüglich des historischen Charakters der evangelischen
Thatsachen. Hausrath[1], Hase, Schenkel[2], Holtz=
mann sträubten sich nicht länger, gewisse Heilungswunder
als thatsächliche Vorgänge anzunehmen, welche die ersten Bei=
den auf uns noch unbekannte Kräfte, psychische Erschütte=
rungen zurückführten, Schenkel der Einwirkung der mächtigen
Persönlichkeit Jesu zuschrieb. Auch Keim[3] will manche
ächte Thatsachen im Leben des Herrn zugeben; das Princip
des Gegensatzes zwischen Petrinismus und Paulinismus wird
nicht mehr in so maß= und rücksichtsloser Weise von seinen
Jüngern durchgeführt, die Tendenzkritik durch die Material=
kritik beschränkt und ergänzt. Doch bei all' dem, ob man
auch einige Begebenheiten untergeordneter Bedeutung annimmt
oder streicht — das Bild Jesu von Nazareth, werden auch
einige Züge mehr oder weniger in dasselbe hineingezeichnet,
bleibt das Bild eines bloßen, mehr oder weniger edlen, mehr
oder weniger weisen, aber immer eines bloßen Menschen,
und die gemeinsame Aufgabe dieser Kritik ist keine andere, als
,das ideale Bild des Herrn von seinen Binden und Leichen=
tüchern zu befreien, in welche schon die erste Kirche ihn ge=
legt, dasselbe wieder hell und wahr in seinen hohen und rei=
nen Zügen vor die Augen zu stellen', und so das Wesen des
Christenthums, d. i. die Religion Christi, wiederzugewinnen,
die etwas von der christlichen Religion, dem ,officiellen Chri=
stenthume' ganz Verschiedenes ist. ,Das alte, von vornherein
rissige Gebäude läßt sich nicht wieder wohnlich machen,' ruft
Hilgenfeld[4] aus, ,versuchen wir es mit einem Neubau'. Und
,nimmt auch die Kritik uns den sinnlichen Wunderthäter, so
gibt sie uns den wahren Jesus zurück, den großen Wunder=

---

[1] Neutestamentliche Zeitgeschichte. 1876.
[2] Charakterbild Jesu. 1864.
[3] Jesus von Nazara. II. Bd. S. 140 ff.
[4] Histor.=krit. Einleitung in das N. Test. 1875. S. 210.

mann in der sittlichen Welt, der zugleich Gottes Sohn war, dessen mächtiger Geist die Welt erneuert und mit Gott versöhnt hat, und für Alle, die nach der Gerechtigkeit hungern, das Brod des Lebens bleibt'[1]. Die Kritik konnte sich hiebei ihren Angreifern gegenüber getrost auf Luthers Wort berufen, daß die von Christo verrichteten leiblichen Wunder Aepfeln und Birnen zu vergleichen seien, wodurch er den unverständigen Haufen seiner Zeitgenossen wie Kinder an sich locken mußte, um seine ‚rechten hohen Mirakel‘, die geistigen, an ihnen wirken zu können[2].

V. Die Reaction des gläubigen Protestantismus.

Unterscheidung zwischen Göttlichem und Menschlichem in der Schrift. — Das Zeugniß des heiligen Geistes; Princip des Subjectivismus, Fanatismus und Rationalismus. — Lessing's ‚breiter Graben‘.

Diese Aufstellungen der destructiven Kritik blieben nun allerdings nicht unerwidert. H. Thiersch[3], Dorner[4], Luthardt[5] Wieseler[6], Bunsen[7], Ewald[8], Ebrard[9] und vor ihnen schon beim Erscheinen des ersten Lebens Jesu von

---

[1] Scholten, Das älteste Evangelium. Deutsch, Elberfeld 1869, Schluß.

[2] Bei Bretschneider, Luther an unsere Zeit. S. 197.

[3] Versuch zur Herstellung des historischen Standpunktes für die Kritik des N. Test. 1845.

[4] Entwicklungsgeschichte der Lehre von der Person Christi. 1845.

[5] Das Johanneische Evangelium. 1853.

[6] Chronologische Synopse der vier Evangelien. 1843.

[7] Ignatius von Antiochien. 1847. Geschichte der heiligen Schriften des N. Test. 1853. 2. Aufl.

[8] Geschichte Christi und seiner Zeit. 1855.

[9] Wissenschaftliche Kritik der evang. Geschichte. 1850.

Strauß Tholuck[1], Steudel[2], Neander[3], Ullmann[4], in neuester Zeit B. Weiß[5] und v. Hofmann[6], Beyschlag[7] u. A. haben mit Aufbieten staunenswerther Gelehrsamkeit, Scharfsinn und Talent die angegriffenen Positionen zu vertheidigen, die verlorenen wieder zu erobern gesucht, und so auch der katholischen Bibelforschung wesentliche Dienste geleistet. Doch waren sie mehr glücklich im Widerlegen der gewagten und unbegründeten Behauptungen ihrer Gegner, als in der Begründung ihrer eigenen Thesen. Denn abgesehen davon, daß in letzterer Beziehung ihre Anschauungen vielfach auseinandergehen, erblicken wir bei ihnen so viele künstliche Hypothesen, Concessionen an die Gegner, sowohl aus dem Kreise der Rationalisten wie der Mythiker, macht sich der Mangel einer auf göttlichem Grunde ruhenden Gewißheit über die Zahl, den Inhalt und die Würde der heiligen Schriften bei allen, auch den gläubigsten, fühlbar. Die heilige Schrift, diese ‚eigentliche Burg des Protestantismus‘, wie es bei Beginn der Reformation hieß, erscheint nun selbst den Augen gläubiger Theologen als ein Bauwerk, von verschiedenen Händen und in verschiedenem Geiste aufgeführt, wo ‚neben Silber, Gold und Edelstein auch Heu, Stroh und Stoppel fielen‘[8], das statt einem unüberwindlichen Bollwerke sich nur als eine Ruine darstellt. ‚Allerdings, das Schriftganze‘[9], sagt man uns selbst von gläubiger Seite her, ‚haben wir in's Auge zu fassen‘; aber was gehört zum Ganzen, was

[1] Glaubwürdigkeit der evang. Geschichte. 1837.

[2] Vorläufig zu Beherzigendes zur Beruhigung der Gemüther. 1836.

[3] Leben Jesu. 1837.

[4] Historisch oder mythisch? 1837.

[5] Das Marcus-Evangelium. 1872.

[6] Weissagung und Erfüllung. 1841. Schriftbeweis. 2. Aufl. 1860.

[7] Zur Johanneischen Frage (Stud. u. Kritik. 1874. 4. Heft).

[8] Luther's Vorr. zu Linkens Annot. über Moses.

[9] Luthardt, Compendium der Dogmatik. S. 233. Teichmann im ‚Beweis des Glaubens‘. VIII. S. 75.

ist menschliche Zuthat? ‚Nicht die Offenbarung kann der menschlichen Kritik unterliegen, wohl aber die menschliche Seite ihrer Darstellung‘; aber ohne diese menschliche Seite der Darstellung — das Wort — habe ich auch keine Offen=barung. ‚Die Kritik kann in der Schrift nichts berühren, als die menschliche Seite derselben.‘ Doch was ist das Menschliche, was das Göttliche, welches der Prüfstein, an dem ich Beides unterscheide? Wer unterscheidet die dürren Aeste, welche die Kritik wegzuschneiden hat, von den lebenskräftigen Zweigen, Heu und Stoppeln von Gold und Edelsteinen? Solche Orthodoxe, wird uns gesagt, welche nur mechanisch, nicht organisch die Schrift auffassen, haben ‚ihren Kanon vom Buchbinder bezogen‘ [1] — aber hier gilt ja doch der Professor nicht mehr als der Buchbinder. Und wenn Heinr. Lang [2] den Orthodoxen gegenüber sagt: ‚Da ist eine Festung, die als das Werk übernatürlicher Hände seltsam und geister=haft in diese irdische Welt hineinragte, und vorher nur dem staunenden Glauben offen gestanden war, Schritt für Schritt erobert und dem Verständniß aufgeschlossen worden; da ist durch die Wissenschaft das Christenthum Christi uns wiedergegeben, wie es unsere Zeit verlangt, d. i. ein Christen=thum ohne Wunder‘ — so steht denn Wissenschaft gegen Wissenschaft, Forschung gegen Forschung, der ‚ächt prote=stantische Geist Luthers‘ [3] gegen den ‚prophetisch blicken=den Luther‘ [4], und der Ariadnefaden aus diesem Labyrinthe, wem ward er gegeben?

Uns — sprechen die Altgläubigen unter den Lutheranern; denn wir sind sicher des Besitzes des Wortes Gottes durch

---

[1] So Prof. Grau im ‚Beweis des Glaubens‘. VII. S. 411.

[2] Das Leben Jesu und die Kirche der Zukunft. 1872 (Deutsche Zeitfragen).

[3] Hilgenfeld a. a. O. S. VI.

[4] ‚Beweis des Glaubens‘ a. a. O.

das Zeugniß des heiligen Geistes in uns[1]; ‚daß aber der Geist, den wir in uns verspüren, kein böser, sondern ein guter Geist ist, das beweisen seine göttlichen und heilsamen Wirkungen.'[2] Wie die leiblichen Empfindungen von Süß und Bitter, Schwarz und Weiß für uns keines Beweises ihres Daseins bedürfen, sondern wir derselben unmittelbar gewiß sind[3], so spricht der heilige Geist unmittelbar aus der Schrift zu unserem Geiste und bezeugt so sich selber[4]. Wenn er uns innerlich belehrt, so bedürfen wir keiner weiteren Zeugnisse mehr, glauben weder fremdem Urtheile, noch lassen wir uns durch unsere Vernunftschlüsse zu dieser Ueberzeugung bewegen; erhaben über jedes menschliche Urtheil, gerade als ob wir Gottes Macht selbst schauten, erkennen wir, daß die Schrift aus seinem Munde geflossen ist, und werden so mit einer übermenschlichen Gewalt, da wir die Kraft Gottes fühlen, zum Glauben hingerissen. Die wissenschaftlichen Beweise auf menschliche Zeugnisse gebaut, können dann als secundäre Beweismittel unserer Schwäche zu Hülfe kommen[5].

In neuerer Zeit hat man dieses Zeugniß des heiligen Geistes so ausgedrückt: ‚Wer ein rechter, wissenschaftlicher Kritiker des Christenthums sein will, der muß Christum, die Summe des Christenthums, ‚schon wissen' (1 Kor. 2, 2), muß eine rechte Erkenntniß Christi haben, muß gläubig sein. Das durch Christum, den Reiniger der Gewissen, gut gewordene Gewissen, das Pneuma, ist das zur wissenschaftlichen Kritik des Christenthums erforderliche sachgemäße Kriterium; pneumatisch (πνευματικῶς) will alles Christliche gerichtet sein (1 Kor. 2, 14). Nur wer ein Christ ist oder das Chrisma hat, nur der hat das richtige Mittel der Scheidung des Wahren vom Falschen (1 Joh. 2, 27) . .; alle voraussetzungslosen,

---

[1] Quenstedt I. 94. 97. Hollaz, Examen theol. de Script. p. 83.

[2] Hollaz a. a. D.   [3] Calv. Instit. I. 7, 2.

[4] Ders. l. c. 4.   [5] Ders. I. 8, 13.

d. h. diese Erfüllung ignorirenden Kritiker des Christenthums
sind im christlichen Sinne des Wortes geistlose Kritiker,
deren Kritik, wie schön sie auch von Außen gleißt, in sich
nichtig ist und zu Schanden wird. Erst ein Gotteskind,
dann ein Gottesgelehrter; erst gläubig, dann ein Glau=
benslehrer und Glaubensrichter, Kritiker des Christenthums.
Das ist die unverbrüchliche Ordnung im Reiche Gottes, die
denen freilich nicht zu Sinne will, . . . die allewege sich
dieser Welt gleichstellen in ihrer Theologie. ,Sie sind von
der Welt, darum reden sie, was von der Welt ist, und die
Welt höret sie' (1 Joh. 4, 5) . . . Uebrigens machen den
kläglichsten Eindruck nicht die ,Radicalen', sondern die ,Ge=
mäßigten', die Kritiker, die im juste milieu zwischen Glau=
ben und Unglauben sich wohl fühlen und hoch einherfahren,
stolz darauf, daß sie den geschichtlichen Christus nicht gefun=
den haben, sondern suchen, und die ,specifische Dignität
Jesu' den noch offenen Fragen der Glaubenswissenschaft
beizählen. Die können suchen bis an den jüngsten Tag;
es sind Andere, an die das Geheiß und die Verheißung er=
geht: ,suchet und ihr werdet finden.'[1] — Wie verworren und
haltlos dieß Alles vom Standpunkt des Protestantismus ist,
erhellt von selbst, und doch ist es nicht unwahr, was er
meint, aber nur wahr auf dem Standpunkt des katholischen
Glaubens. Hier empfängt der Einzelne den Glauben durch
die Kirche, und mit ihm zugleich die Schrift. Gerade das
Gegentheil hievon erklärt daher Holtzmann[2]: ,Die rich=
tige Auslegung der Bibel ist eine grammatische und eine
historische.'

Die bekannten Worte Michaelis' († 1791) in seiner
Einleitung in die Schriften des Neuen Testaments (Vor=
rede zur letzten Ausgabe) bilden daher den Abschluß der

---

[1] Dr. Peip (,Beweis des Glaubens'). V. S. 154 ff.
[2] Allgem. kirchl. Zeitschr. 1869. Heft 5. S. 273.

alten protestantischen Anschauung und inauguriren eine neue
Periode. ‚Wir, d. h. das ganze Publicum in Europa, ‚wuß=
ten damals noch nicht, was wir jetzt wissen, und waren,
gegen 1787 gerechnet, noch in der Kindheit.‘ Und nun gegen
das bisherige Bibelprincip sich wendend, erklärt er: ‚Ein
innerlich gefühltes Zeugniß des heiligen Geistes oder eine
Empfindung oder Erfahrung des Nutzens der Schriften kann
die Sache (Inspiration) ebenso wenig entscheiden. Das erstere
habe ich für meine Person mein Leben lang nicht gefühlt;
aber ich halte den, der es gefühlt hat, auch nicht für glück=
licher oder der Gewißheit näher, denn der Muhammedanismus
fühlt es eben so gut, und wirklich das innere Gefühl von
Gott ist der ganze Beweis, auf den Muhammed seine Re=
ligion gegründet und so viel Millionen sie glauben, es muß
also wohl nur zuwege gebrachtes Gefühl, Selbstbetrug ge=
wesen sein.‘ [1]

Daß mit dem oben Gesagten die Kluft zwischen dem
gläubigen Subject und dem göttlichen Wort nicht überbrückt
wird, ist klar. Ist es eine innere Offenbarung des gött=
lichen Geistes, wodurch die Schrift erst als eine göttliche er=
kannt wird, so ist nicht die Schrift, sondern eben jene
innere Offenbarung des heiligen Geistes die höchste und Alles
entscheidende Instanz, worauf auch die Quäker [2] und alle Fa=
natiker von jeher sich beriefen, und so das von Luther als
Bollwerk ihnen entgegengestellte Schriftwort entkräfteten.
Aber noch mehr; wer versichert mich denn, daß dieses Zeug=
niß vom heiligen Geiste stammt, das ich in mir wahrnehme?
Ich selbst, mein eigenes Fühlen und Denken. ‚Hier ist die
Achillesferse des protestantischen Systems‘ [3]; der Rationalis=
mus, die Kritik mit allen ihren Folgen ist sein nothwendiges

---

[1] Ausgabe 1788. S. 81.
[2] Barclaii Apol. theol. vere christ. Th. II. Apol. § 16.
[3] D. F. Strauß, Glaubenslehre. I. S. 136.

Ergebniß. Die Forschung in der Schrift wird zur Forschung über die Schrift,. die letzte Norm der religiösen Erkenntniß bildet nicht mehr die Schrift als religiöse Erkenntnißquelle, sondern das eigene Ich — das Gefühl im Sinne Schleiermachers, oder die Vernunft des Rationalismus vagus, oder die absolute Idee oder das Gewissen — aber immer das Ich. Darum muß selbst Luthardt[1] gestehen: ‚Die neuere Entwicklung der Lehre von der Schrift ist eine Auflösung der alt-dogmatischen Lehre, welche in dieser Form allerdings nicht haltbar war, ohne daß dieser Proceß der Auflösung bereits zu einem Abschluß und gemeinsamen Resultat gekommen wäre.‘ Daß hiemit ein Bruch mit dem Princip der Reformation eingetreten ist, viel bedeutungsvoller und folgeschwerer als jener mit der katholischen Kirche, liegt am Tage, wenn die Vermittlungstheologie und die moderne Gläubigkeit auch nicht dieß Wort haben will.

Ein Anderer[2] bekennt daher: ‚Unter den für die Lehre Jesu bedeutungsvollsten Aussprüchen wird sich, was die synoptischen Evangelien betrifft, kaum einer finden, über dessen Unächtheit diejenigen Kritiker, welche jetzt für die freisinnigsten gelten, einverstanden wären. Der Kanon, nach welchem jeder urtheilt, ist im Grunde dieser, daß, was mit dem von ihm angenommenen Gesammtbild nicht harmonirt, unächt sei; jenes Gesammtbild aber entwirft er sich je nach seiner tieferen oder seichteren, geistvolleren oder trivialeren, religiösen oder irreligiösen Auffassung des Lebens überhaupt.‘

Nachdem Luther selbst so manches neutestamentliche Schriftstück für ‚zusammengestückt‘ und ‚geflickt‘[3] erklärt hat, so konnte die Ausdehnung dieses Urtheils auf andere Schriften nicht über die Linie der reformatorischen Grundsätze hinaus-

[1] A. a. O. S. 232.
[2] Geß, Christi Person und Werk. 1870. B. I. S. 246.
[3] Protestanten-Bibel Neuen Testaments. Allgemeine Einleitung: ‚Luthers Stellung zur Bibel‘.

2**

fallen, während gerade die alt-orthodoxe Ansicht hinter diese
Linie zurückgeht. So mußte denn ein positiver Theologe[1] bekennen, ‚daß die orthodoxe Inspirationslehre sich im Widerspruch mit der geschichtlichen Wirklichkeit und mit der geschichtlich erkennbaren Entstehung der heiligen Schrift befindet . . .; doppelte Buchführung‘, meint er weiter, ‚läßt sich
eben nie ganz durchführen. Die wird aber heute Jedem zuge-
muthet, der hüben die Schrift als eine Sammlung historischer
Urkunden kennen und verstehen lernt, drüben aber angeleitet
wird, sie vermittelst der alten Inspirationslehre als Orakel-
sammlung (!) zu verwerthen.‘ Ja, es liegt nicht einmal ein
‚Grund vor, die von den Aposteln versuchten theologischen
Erklärungen (‚der vollkommenen Gottesoffenbarung in Christo‘)
um ihrer Urheber willen für integrirende Bestandtheile des
christlichen Glaubensbekenntnisses zu halten.‘

Was hieraus nothwendig folgt, hat ein Neuerer unumwunden ausgesprochen. Zwei Heilsthatsachen hatte der Referent
der 7. Allianzversammlung als unwandelbare Grundlagen des
apostolischen Evangeliums erklärt, den Versöhnungstod und
die Auferstehung Jesu. Dagegen bemerkt Professor P. W.
Schmidt[2] in Basel: ‚Weßhalb unwandelbar? Weil es so
in der Bibel steht.‘ So kann die heutige Gläubigkeit theo-
logisch nicht mehr argumentiren. Oder weil es Paulus
oder andere Apostel so sagen? Auch das ist für diese Gläubigkeit kein Grund mehr von beweisender Kraft; sagt doch
schon der deutsche Reformator, der Wiederentdecker der Bibel (!),
indem er das innere Wort, das sich unserer Seele als ‚Gottes
Wort‘ legitimire, aller heiligen Schrift überordnete: ‚Gott
hat befohlen, daß wir in Glaubenssachen auch auf keinen
Apostel sollen sehen, auch nicht auf Propheten oder sonst Je-

---

[1] Kaftan, Die Predigt des Evangeliums im modernen Geistesleben. 1879.

[2] Was trennt die beiden Richtungen in der evang. Kirche? 1880.
(Zeit- und Streitfragen. IX. S. 119 ff.)

mand . . . Bringen sie Gottes Wort, so sagen wir: Gott
willkommen. Wenn es aber nicht Gottes Wort ist, so lassen
wir sie fahren.' Ein anderes Mitglied verlangte das gemein=
same Bekennen des apostolischen Symbolums, von welchem
einst der Kirchenhistoriker Niedner sagte: was darin stehe,
brauche man zum Theile nicht, und was man brauche, näm=
lich das Christenthum, stehe nicht darin . . . ,Die Frage
ist die,' bemerkt Schmidt weiter, ,machen die heiligen Ge=
schichten heilig und selig, oder werden wir heilig und selig
durch die religiösen Gedanken, welche in jenen Geschichten
verkörpert sind? So lange man das Erstere glaubte, mußte
die evangelische Geschichte außerhalb der historisch=kritischen
Discussion stehen. Als man aber diese Geschichte historisch
zu erforschen wagte, mußte man sie überhaupt erforschen
und konnte nicht mehr einzelne Kapitel aus derselben heraus=
nehmen und für „ewig wahr" und unantastbar erklären . . .
Wenn der heutige Protestant den Weg zu diesen höchsten
Gütern (Versöhnung mit Gott und neues Leben in ihm)
nicht ganz auf der gleichen Straße sucht, wie der Apostel
Paulus, so ist er deßhalb von dem evangelischen Glauben
noch nicht abgefallen. Die gesammte Orthodoxie, soweit sie
thatsächlich am Kirchenglauben festhält, denkt über Jesu
Christi Person ganz anders als Paulus.'

Es ist unläugbare Thatsache, daß das protestantische For=
malprincip nach seiner bisherigen Fassung in einer unaufhalt=
samen Selbstzersetzung sich befindet [1]. Daß aber der pseudo=
mystische oder rationalistische Subjectivismus das letzte Glied
der Entwicklung des altprotestantischen Formalprincips ist,
kann auf dem Stande der heutigen Forschung nicht mehr ge=
läugnet werden. ,Es ist begründet,' sagt F. Frank [2], ,wenn
man mit der Thatsache der Reformation eine Periode des

---

[1] Resch, Das Formalprincip des Protestantismus. 1876. S. VII.
[2] System der christlichen Gewißheit. I. B. 1870. S. 7.

Subjectivismus beginnen sieht. Die Einwürfe der rö=
mischen Gegner waren geeignet, dieß den Evangelischen zum
Bewußtsein zu bringen, so wenig letztere auch geneigt und
fähig sein mochten, dieß anzuerkennen. Und der thatsächliche
Gang, den die Reformation innerhalb der mancherlei Kreise
nahm, die dadurch berührt wurden, die Spaltungen, Secten
und Häresieen, welche in ihrem Gefolge auftauchten, mußten
dazu beitragen, den Schein, als beruhe die Vergewisserung
des Glaubens vor Allem auf einer objectiven Autorität,
zu zerstören ... Die Vertheidigung traf nicht zum Ziele,
wenn sie, den subjectiven Factor etwa zudeckend oder ab=
läugnend, die oberste Autorität der heiligen Schrift schlecht=
hin darauf gründete, daß sie Gottes Wort oder daß sie in=
spirirt sei — eine sichtliche Abbiegung von der gestellten Frage,
bei der sich's darum handelt, wie die so beschaffene Schrift
mir, dem Glaubenden, Autorität werde, oder auch, wiewohl
dieß der Wahrheit näher kam, wenn sie auf das Zeugniß
des heiligen Geistes zurückging, hinsichtlich dessen sich's doch
wieder fragt, wie ich, der Glaubende, dazu komme, es dafür
anzusehen, um es mir eine Autorität sein zu lassen.' Das ist
der ‚garstige breite Graben‘, von dem Lessing redet, über
den er nicht kommen konnte, so oft und ernstlich er auch
(vom protestantischen Standpunkt aus) diesen Sprung ver=
sucht hat[1].   Darum weist er gegen Pastor Göze (WW.
VIII. S. 22 ss.) auf die Regula fidei hin, welche vor der
Schrift die Glaubensnorm war, und nach welcher selbst die
Schrift beurtheilt wurde.

So bleibt es denn dabei: die ‚Schrift allein‘ ist kein sicherer
Baugrund, auf dem ein religiöses System sich errichten läßt.
Der Gläubige wird seine ererbten Anschauungen in ihr finden,
widerwärtige Frömmelei und aftermystischer Fanatismus wer=
den aus ihr ihre Nahrung ziehen; Schleiermacher mit seiner

---

[1] WW. VI. S. 348 ss.

Schule wird in ihr nur den Prüfstein seines Glaubens erkennen, den er nicht aus ihr, sondern aus innerer Erfahrung geschöpft hat; die Männer des liberalen Protestantismus endlich und des alten wie modernen Rationalismus werden sich zu dem Grundsatze Lessing's bekennen: ‚Die Religion ist nicht wahr, weil die Evangelisten und Apostel sie lehrten, sondern sie lehrten sie, weil sie wahr ist'[1], und ihre Religion wird darum nur in soweit noch eine christliche sein, als sie diesen Namen trägt und sie der christlichen Gemeinde noch angehören. Ob mit Recht? Dieß wollen wir nun untersuchen.

VI. Der Abfall vom Christenthum im liberalen Protestantismus.

Strauß' Frage: ‚Sind wir noch Christen?' — Die Erbitterung im Lager des liberalen Protestantismus. — Er hat kein Recht, sich christlich zu nennen. — Der liberale Protestantismus und das apostolische Glaubensbekenntniß. — Das apostolische Glaubensbekenntniß im Cultus. — Das Christenthum Christi. — Christus als bloßer Mensch nicht absolutes Vorbild. — Christus Inhalt, nicht bloß Stifter des Christenthums. — Innerer Widerspruch des Rationalismus. — Kein Leben Jesu ohne Wunder. — Eitle Ausflüchte. — Judenthum und liberales Christenthum. — Die göttliche Vorsehung und das Christenthum. — Jesus von Nazareth und die Weisen der Vorzeit.

Es ist noch nicht ein Jahrzehnt verflossen, daß D. F. Strauß' Bekenntniß: ‚Der alte und der neue Glaube' erschien. Auf die Frage: ‚Sind wir noch Christen?' hatte er mit einem entschiedenen Nein! geantwortet. Das konnten die Männer des liberalen Protestantismus, die doch seinem Zerstörungswerke von Anfang an zugejauchzt, die für den Biographen und Lob-

---

[1] WW. VI. S. 541.

redner Hutten's, des Vorkämpfers gegen die katholische Kirche,
nicht Worte des Dankes genug und in ihm das politisch=
religiöse Programm aller Gegner der ‚Pfaffenherrschaft' be=
grüßt hatten, ihm nicht verzeihen, daß er ihre eigene Hohl=
heit und Blöße so schonungslos aufdeckte, ihre literarische
und religiöse Falschmünzerei öffentlich nun denuncirte und
ihnen handgreiflich nachwies, daß sie kein Recht mehr haben,
für sich eine Stätte innerhalb der protestantischen Kirche,
gleichviel welcher Denomination, zu beanspruchen. Vernehmen
wir einen der Wortführer des Protestantenvereins über Strauß'
Verdienst vor und nach dem Erscheinen seines ‚Testamentes'.

‚In der Kritik,' sagt K. Schwarz[1], ‚war vor Strauß
überall Halbheit, Unsicherheit, Vermittlungsstreben. Zwischen
Authentie und Nichtauthentie der einzelnen Schriften, zwischen
Geschichte und Mythus ein bedenkliches Schwanken. Die In=
spirationslehre unterminirt, überhaupt das Verhältniß des
Göttlichen zum Menschlichen wesentlich alterirt . . . Da
brach das Wetter herein von einer Seite, von welcher es
Niemand erwartet hatte. Ein Mann, der mit dem ganzen
Ernst und der Gründlichkeit seiner schwäbischen Natur Theo=
logie und Philosophie studirt, an Hegel und Schleiermacher
sich gebildet, er war es, der die Brandfackel der Kritik mitten
in die Veste des Glaubens hineinschleuderte . . . Man hat
seinem ‚Leben Jesu' vielfach vorgeworfen, daß es eigentlich
gar nichts Neues enthalte, daß es nur eine genaue Zusammen=
stellung alles dessen gebe, was die letzte Periode der histo=
rischen Kritik erarbeitete. Aber man hat gar nicht bedacht,
daß man darin ein großes Lob ausspreche, denn das gerade
ist das Eigenthümliche aller epochemachenden Werke, daß sie
wie die reife Frucht abfallen von dem Baume der Erkennt=
niß, daß die ganze Vergangenheit an ihnen mitgearbeitet hat.
So auch in dem ‚Leben Jesu' von Strauß. Es ist ebenso

---

[1] Zur Geschichte der neuesten Theologie. 1856. S. 102.

ſehr ein Product der Vergangenheit, als es dieſelbe über ſich
hinaushebt, indem es ſie zum Abſchluß bringt. Es laufen
hier alle bisherigen kritiſchen Forſchungen über das Leben
Jeſu zuſammen, aber ſie werden zugleich vervollſtändigt, ge=
ſchärft, zugeſpitzt, zuſammengefaßt, auf einen Grundgedanken
zurückgeführt. In dieſer Nothwendigkeit des ganzen Ver=
fahrens, das ſich wie ein Naturproceß vollzieht, in dieſer
affectloſen Objectivität, mit welcher der Verfaſſer gleichſam
zurücktritt vor ſeinem Werk, und nur der Rechenmeiſter iſt,
welcher die einzelnen Poſten aufführt und zuſammenzählt,
lag das Imponirende und vielleicht richtiger das Erſchreckende
des Buches. Es ſtand mit der harten Gleichgültigkeit des
Schickſals da, es war die Schlußrechnung, gezogen in der
Kritik der evangeliſchen Geſchichte, und die Inventur lautet
auf: Bankerott. Die evangeliſche Geſchichte war bereits von
allen Seiten angenagt von der Kritik; hier zeigte ſich, ſie ſei
bis auf den Kern zerfreſſen. Es war die Wirkung dieſes
Werkes eine ungeheuere ... Das war eine ſittliche Macht,
das war der unerſchrockene Wahrheitsmuth, der unbeſtechliche
Wahrheitsſinn, der Muth, der Wahrheit ganz und gerade
in's Angeſicht zu ſchauen, ohne zu fragen, welche Folgen ſie
habe für die Zukunft; das Verlangen, ſie rein und ganz zu
erfaſſen und zu verkünden, ohne Hüllen, ohne Selbſtbetrug,
ohne feige Anbequemungen, und für ſie zu kämpfen mit immer
blanken Waffen und im ritterlichen Kampf. Wir ſagten
ſchon: der Eindruck dieſes Werkes war im erſten Augenblick
ein wahrhaft erſchütternder. Zorn und Entſetzen ergriff die
große Zahl der Theologen, die aus allen Gegenden Deutſch=
lands von Univerſitäten und Landpfarren herbeieilten, um
mit ihren Löſcheimern den Brand zu dämpfen, und die aus
ihrer erträumten Sicherheit durch das plötzliche Sturmläuten
ſo gewaltſam aufgerüttelt waren; Staunen und Bewunderung
die unparteiiſche Laienwelt, und auch wohl manche unter
den jungen Theologen, manche junge, ſtrebende, wahrheits=

dürstende Seele, die sich auf einmal von einem unerträglichen
Druck, von unsäglichen Gewissenskämpfen und Qualen be=
freit fühlte.'[1]

Da, mit einem Male, beim Erscheinen des ‚Bekenntnisses‘,
ist der gefeierte Held ein ganz anderer geworden; ‚matt, ab=
gestanden, farblos und greisenhaft ist hier Alles, was sonst
noch die Frische und den Glanz der Jugend hatte.'[2] Wir
verstehen, woher dieses schneidende Verwerfungsurtheil, das
er und mit ihm der große Haufe der ‚Halben‘ über Strauß
fällen. Er hat eben nur die letzte Schlußfolge gezogen aus
den Prämissen, die diese mit ihm theilen, und beweist ihnen
nun, daß sie nicht mehr Christen sind, daß sie daher auch
kein Recht mehr haben, sich Christen zu nennen.

Es ist nur Selbsttäuschung, wenn diese sich noch
Christen nennen, und sie täuschen mit Bewußtsein die
Gläubigen ihrer Kirche, wenn sie sich als einig mit der
Denk= und Anschauungsweise dieser darzustellen bestreben.
Er hat ihnen nachgewiesen, daß, wenn diese, die ‚allen Spuk
von Offenbarungen und Wundern von sich geworfen haben,
doch noch so eifrig auf dem Christennamen bestehen, weil sie
den Zusammenhang mit denjenigen ihrer Brüder, die an
allem diesem Spuk noch ängstlich wie an etwas Wirklichem
hängen, nimmermehr verlieren mögen, da sie in diesen nicht
wegen, sondern trotz ihres Spukes noch Christen erkennen‘, sie
nur durch Accommodation, durch Bemänteln und Vertuschen,
kurz nicht ohne Unwahrheit noch zur Kirche gehören können,
während gerade in Fragen der Religion nur Aufrichtigkeit
und Wahrhaftigkeit herrschen soll[3]. Und wie er, so sprechen
die Männer der entgegengesetzten gläubigen Richtung: ‚Wir
kennen die Verirrfrage der Ungläubigen, ob denn auch nur
zwei unter uns ganz einig seien. Die Frage und An=

---

[1] Ders., D. F. Strauß und sein letztes Werk. 1876. S. 6.
[2] A. a. O. S. 16.   [3] Nachwort S. 41.

klage iſt alt. Die Concordienformel hat ihr einen Platz gegönnt in der Erklärung des Artikels ‚von andern Rotten
und Secten‘. Aber die Antwort iſt auch ſchon alt und er-
folgt ſtets von Neuem; gegen euch ſind wir Alle einig, ganz
einig. Das Gaukelſpiel des ſechzehnten Jahrhunderts mit dem
Worte ‚Kirche‘ wiederholt ſich im neunzehnten. Damals ſagten die Römiſchen: wir ſind die Kirche, und ſie hatten die
Mehrzahl der Menſchen, die ſich Chriſten nannten, auf ihrer
Seite; nothgedrungen nahmen Luther und die Seinen Abſchied
von jenen, in dem Bewußtſein, die Kirche mit ſich zu nehmen.
Kommt es jetzt dahin, wohin es kommen kann, ſo werden
hoffentlich Alle, die herzhaft es mit Luther halten, wie Ein
Mann ihre Schuldigkeit thun und ſeinem Namen keine
Schande machen, auf daß erfüllt werde, was geſchrieben ſteht:
‚Wenige auf dem ſchmalen Wege.‘ [1] — Beide haben Recht.

Das Chriſtenthum ſämmtlicher Confeſſionen ruht auf dem
apoſtoliſchen Glaubensbekenntniß. Wir haben nicht nothwendig, die einzelnen Artikel desſelben aufzuführen, um den
Beweis zu liefern, daß es für den weitaus größeren Theil
der proteſtantiſchen Theologen, vorab für jene, welche durch
das Feuer der deſtructiven Kritik hindurchgegangen ſind, nicht
mehr zu Recht beſteht, nicht mehr den Ausdruck ihres religiöſen
Denkens und Strebens bildet. Strauß hatte ſeiner Zeit mit
ihm den Anfang gemacht, um ſeine verneinende Antwort vor-
zubereiten auf die Frage: Sind wir noch Chriſten? Volle
ſechsundzwanzig Seiten ſeines Buches hatte er der eingehen-
den, freilich ſo viel als möglich ſcurrilen Darſtellung des
chriſtlichen Glaubens auf Grund des Apoſtolicums gewidmet;
eine unnütze Arbeit, da ja nicht bloß ſeine ‚Wir‘, in deren
Namen er redet, ſondern auch jene, gegen welche er ſchreibt,
mit ihm völlig übereinſtimmen. ‚Er ſtellte,‘ ſagt Einer aus
dem Lager des liberalen Proteſtantismus, ‚an den Anfang ſeiner

---

[1] Dr. Peip (‚Beweis des Glaubens‘). V. S. 158.

Auseinandersetzung das Bild eines Christenthums, das Nie=
mand auf der Welt mehr für das seine erkennt.'
'Diese Kritik,' wird weiter gesagt, 'welche zugleich zu einer An=
zahl pikanter Bemerkungen Anlaß gibt, wäre in einer Polemik
gegen eine Orthodoxie sehr treffend, welche jetzt noch die alte
Kirchenlehre unverändert erhalten möchte; für die gegenwärtige
Generation verfehlt sie jedoch vollständig ihren Zweck. Ja,
man erkennt in dieser Art, die Frage zu stellen, einen Man=
gel an Ehrlichkeit, da er eine entschiedene Geringschätzung gegen
einen Glauben auf diese Weise weckte, der mit solchen Unge=
reimtheiten anfing, da er sich selbst des Fehlens der alten
„Aufklärung" schuldig macht, Vorstellungen früherer Jahrhun=
derte an unserem gegenwärtigen Standpunkte zu prüfen, und
nicht an dem, wozu sie in der Geschichte gehören.'[1] Das
apostolische Glaubensbekenntniß,' bemerkt ein Anderer, 'kann
darum nicht Maß noch Norm des Glaubens sein, weil es
von der einen Seite her zu viel, von der andern zu wenig
enthält. So wird denn die alte mosaische Schöpfungsgeschichte,
die jedoch, wie bekannt, weder von Moses herrührt, noch Ge=
schichte ist, sondern einem uralten Sagenkreise der semitischen
Stämme angehört, sehr gründlich und ausführlich durchkriti=
sirt, sodann die Lehre von der Inspiration und absoluten
Autorität der Bibel, die Geschichte vom Sündenfall, Teufel
u. s. w., dann die Dogmen von der Dreieinigkeit, den beiden
Naturen in Christo, kurz, es wird die ganze Dogmatik mit
allen ihren inneren Widersprüchen und Auflösungen, welche
sie durch die Aufklärer, die Deisten und Rationalisten er=
fahren, vorübergeführt, um endlich zu dem Schlusse zu ge=
langen: von dem Allem ist Nichts übrig geblieben, es ist
Alles zu Grunde gegangen, und werth, daß es zu Grunde
gehe . . . Das apostolische Symbolum, das ebenso wenig
apostolisch ist, als die mosaische Schöpfungsge=

---

[1] Rauwenhoff, D. F. Strauß. 1873. S. 14.

schichte mosaisch, dessen Ausbildung dem dritten und vier=
ten Jahrhundert der christlichen Kirche angehört, und das
am allerwenigsten ein reiner und voller Aus=
druck des Christenthums und seines tiefsten We=
sens genannt werden kann. Nein! Ich scheue mich
nicht, es hier so unumwunden als möglich auszusprechen:
Dieß Glaubensbekenntniß enthält nicht den Kern des
Christenthums, sondern nur seine Hülsen. Alles Geistige
ist hier sinnlich, alles Innerliche äußerlich dargestellt.

Das ‚Empfangen vom heiligen Geiste, das Niedergefahren
zur Hölle, das Aufgefahren zum Himmel, das Sitzen zur
Rechten Gottes und endlich die Auferstehung des Fleisches —
ist das Alles nicht ein förmliches Herabsinken und Untergehen
der Religion des Geistes in Sinnbildern! Und wie Vieles
wird nicht ausgesprochen, was doch zum Wesentlichen des
Christenthums gehört! Wie so gar nichts erfahren wir von
der einzigartigen Bedeutung Christi, als des Hauptes der
Gemeinde? Nur ein reich mit Wundern gestickter Mantel
ist dem Herrn um die Schultern gelegt, in das Angesicht
schauen wir ihm nicht, bis in sein Herz dringen wir nicht.
Ja, so wenig ist von dem eigentlichen Wesen des
Christenthums in diesem Glaubensbekenntniß zur Dar=
stellung gekommen, daß wir sagen müssen, wäre das Christen=
thum nicht mehr als das apostolische Symbol, es wäre
längst zu Grunde gegangen, und werth gewesen, zu
Grunde zu gehen . . .‘

‚Wir müssen es zugeben, und thun es mit rückhaltloser
Offenheit: das Wunder ragt überall auch in das Christen=
thum hinein, es ist die verhängnißvolle Erbschaft
des Judenthums, dieser Religion des übernatürlichen und
außerweltlichen Jehovah, dessen Allmacht größer ist, als seine
ordnende Weisheit; dieser Religion, für welche die Natur
nur noch eine lockere, zusammenhangslose Masse ist, durch
das Spiel der göttlichen Allmacht mit ihr, an jeder Stelle

und zu jeder Zeit durchbrochen und durchlöchert. Ja! dieß
vollſtändig äußerliche Verhalten Gottes zur Welt, dieß
äußerliche Eingreifen in ſie ſpiegelt ſich noch in manchen
chriſtlichen Dogmen ab, namentlich in der Lehre von den
Wundern, von der Inſpiration, dieſem ganz mechani-
ſchen Hergang, bei welchem die Geiſteskräfte des menſchlichen
Verfaſſers zurücktreten und völlig vernichtet werden; von der
Offenbarung, die auf einen engen Kreis, auf das jüdiſche
Volk, auf Chriſtus und ſeine Apoſtel, beſchränkt wird. Aber
— und das iſt es, worauf ich den ſtärkſten Nachdruck legen
will, es iſt nur die Welt- und Naturanſchauung, welche
noch dieſe jüdiſche Färbung an ſich trägt, es iſt nicht der
eigentliche Mittel- und Quellpunkt der neuen Religion . . .
Es iſt nur der Rahmen, in den das Bild gefaßt iſt, nicht
das Bild ſelbſt . . . Der Mittelpunkt des Chriſtenthums iſt
die neue, innige und durchaus innerliche Stellung des Men-
ſchengeiſtes zum Gottesgeiſte, wie ſie ſich in der Perſon Chriſti
am reinſten und vollkommenſten offenbart hat, und in der
Seele jedes Gläubigen wiederſpiegelt: dieſer „Geiſt Gottes,
der Zeugniß gibt unſerem Geiſt"[1].

Abgeſehen von allen Unwahrheiten und Entſtellungen der
Kirchenlehre, von denen hier jeder Satz voll iſt, läßt ſich
auf ſolche Reden über Chriſtenthum und Religion das Wort
des Dichters anwenden:

> Wenn man's ſo hört, möcht's glaublich ſcheinen,
> Doch ſteht es immer ſchief darum,
> Denn es iſt doch kein Chriſtenthum.

Aehnlich ſprechen andere Stimmen über das Symbolum.
‚Das iſt einem hiſtoriſchen Kritiker nimmermehr zu verzeihen,‘
behauptet ein Theologe[2] ‚daß er (Strauß) eine doch jedenfalls
gewaltige, geſchichtliche Größe, wie das Chriſtenthum iſt, nur

[1] K. Schwarz, D. F. Strauß. S. 25 ff.
[2] Zarncke's Lit. Centralbl. 1873. S. 97 ff.

nach beliebig herausgegriffenen, zeitgeschichtlich bedingten
Erscheinungsformen bemißt, statt nach seinem im Wechsel
der Erscheinungen beharrenden Wesen zu fragen ... Bei
geschichtlichen Persönlichkeiten pflegt man doch sonst nicht bloß
nach ihrer zeitgeschichtlich und volksthümlich be=
schränkten Erscheinung zu fragen, sondern vor Allem nach
dem idealen Kern ihres Wesens, nach der schöpferischen That,
die auf Rechnung des Individuums kommt, und die uns
allein den eigenthümlichen Werth desselben erschließt.'

Nach der Meinung eines ‚freisinnigen‘ Theologen soll das
apostolische Symbolum gar nicht einmal die Lehren enthalten,
die der liberale Protestantismus verwirft[1]. ‚Nur schade,
daß unser Autor zum Umriß des alten Glaubens vorerst die
Trinität verwendet, von welcher das Apostolicum nichts
sagt, dann das Sechstagewerk, von dem es auch nichts
sagt, dann den Sündenfall, von dem es auch nichts sagt,
den Teufel mit den Hexen, von denen es auch nichts sagt,
die genugthuende Versöhnung und Erlösung, von der es auch
nichts sagt, die Gnadenmittel der Kirche, von denen es
auch nichts sagt, die Rechtfertigungslehre, von der es auch
nichts sagt‘ u. s. f.

Offen gesteht daher eine Stimme aus demselben Lager[2]:
‚In dem Sinne, wie Strauß verlangt, daß wir nämlich buch=
stäblich an die Glaubenssätze und Dogmen des Christenthums
glauben, die Wunder der Evangelien als Wunder betrachten,
die Moralsätze buchstäblich erfüllen sollten, sind wir längst
keine Christen mehr.‘

‚Kein kirchliches Credo,‘ erklärt eine protestantische Stimme
aus Frankreich[3], ‚darf ein Theologe mit dem Christenthume
identificiren. Das Christenthum hat viele und verschiedene

---

[1] Protestantische Kirchenzeitung. 1872. Nr. 50.
[2] Nationalzeitung. 30. Oct. 1872.
[3] Réville in der Revue des Deux-Mondes. 1873. p. 257 sv.

Formen, die sich in Zukunft leicht noch vermehren können; ein späteres, dogmatisches Symbol ist mit dem Christenthum nicht identisch. Das Christenthum der Gegenwart mit dem apostolischen Symbolum vergleichen, ist ein ähnliches Ver= fahren, als wenn ein Arzt eine medicinische Frage nach einer der in Molière's Zeiten üblichen Methoden behandeln wollte.' ‚So wenig man Plato nach den späteren Neuplatonikern und Aristoteles nach den mittelalterlichen Scholastikern zu zeichnen unternehmen kann, so wenig das Christenthum nach dem apostolischen Symbolum,' sagt der fortgeschrittenste Ley= dener Professor Scholten.

Doch dieß ist genug, bereits mehr als genug, um den Beweis zu liefern, daß die bei weitem überwiegende Mehr= zahl unter den Protestanten, die Bekenner eines geläuterten Christenthums und freisinnigen Protestantismus, in dem Chri= stenthum der ersten Jahrhunderte nicht mehr das ihre er= kennen. Wer noch zweifeln möchte, den weisen wir auf die in neuester Zeit in der protestantischen Landeskirche Preußens gepflogenen Verhandlungen über den Werth und die Bedeu= tung des apostolischen Symbolums hin, wo man darzuthun suchte, daß es sich mit den Grundsätzen der evangelischen Kirche nicht vertrage, den Gebrauch desselben bei den Cult= handlungen noch länger obligatorisch zu machen[1]. Hat man sich doch selbst von kirchlicher Seite bereits zu dem Zugeständ= nisse bequemt, man müsse auf Mittel und Wege sinnen, wie die den verschiedenen religiösen Richtungen Angehörigen doch in der Kirche zusammengehalten werden mögen nach dem apo= stolischen Grundsatz: Mancherlei Gaben und ein Geist. Nach

---

[1] Dr. E. Schwarz, Noch ein Wort über die sogenannte Krisis innerhalb der protestantischen Landeskirche Preußens. E. Zittel, Unser Recht und unsere Pflicht in unserer Kirche. Wittichen, Das Apostolicum in seinem Verhältniß zum evangelischen Christenthum. Graf, Wider die neuesten Bestreitungen des Apostolicums. Vgl. Beweis des Glaubens'. XIV. S. 307 ff.

der thatsächlichen Entwicklung der theologischen Wissenschaft und
nach dem Stande der gegenwärtig auch in das Volk einge=
drungenen Ansichten, da ein neues Symbolum, das allen den
verschiedenen Anforderungen und Richtungen entspräche, sich
bis jetzt noch nicht aufstellen läßt, die Kirche aber ohne ein
solches Panier, um das Alle sich sammeln, zerfallen müßte,
habe man, heißt es, der Art dem Nothstand zu steuern ver=
sucht, daß bei dem kirchlichen Gebrauche des Apostolicums
die einleitende Ansprache je nach dem Standpunkt der
Betheiligten entweder in die bekennende oder
in eine einfach referirende Form gefaßt werden
dürfe.   Diese Auskunft hat auch bereits die neueste badische
Agenda getroffen.   Was die freisinnigen Theologen, abgesehen
von ihrer Scheu vor den dort berichteten wunderbaren That=
sachen, an Gründen gegen das apostolische Symbolum vor=
bringen: daß es doch nicht von den Aposteln herrühre, daß
es aus dem katholischen Traditionsprincip erwachsen sei, und
besonders, daß es von den Reformatoren selbst nicht in der
zu ihrer Zeit gebräuchlichen Form ganz unverändert beibe=
halten und von ihnen mehrfach anders als von der alten Kirche
ausgelegt worden ist, soll auch den Strenggläubigen den
Anstoß nehmen, wenn die Liberalen über einige Sätze des=
selben anders urtheilen als sie, und sie warnen, einen un=
evangelischen Glaubenszwang üben zu wollen.

Doch, wird uns entgegnet, wir verwerfen nur das Chri=
stenthum der Wunder, der Legende, der rohen Aeußerlichkeit,
halten dagegen fest an dem ursprünglichen Christenthum, dem
‚Christenthum Christi‘.   Die Christenheit unserer Tage
kann nur an einen undogmatischen Christus glauben, schrieb
selbst Rothe im Jahre 1855 an Bunsen; wer zu Jesu be=
wundernd hinaufsieht, ist kein Unchrist, heißt es in einem
Schreiben desselben an den deutsch=katholischen Prediger Scholl
vom Jahr 1864.   Freilich bleibt, nachdem man die Ergebnisse
der Kritik Baur's und seiner Schule als unumstößliche

Wahrheit angenommen, von Christus selbst, was er war, was er wollte, nur noch wenig Sicheres uns übrig. Gewiß ist nur: der Jesus der Evangelien ist ein Bild der Sage, Product von Tendenzschriften, er ist nicht der Jesus der Geschichte. Nur die allgemeinsten Züge seines Lebens bleiben unbestritten: seine Heimath zu Nazareth, das Handwerker= haus, die Familie mit zahlreichen Brüdern und Schwe= stern, sein öffentliches Auftreten in Folge der Wirksamkeit des Täufers, Kapernaum als Mittelpunkt seiner Thätigkeit, die Sammlung von Jüngern, das Aufsehen, das er erregt, die Reise nach Jerusalem, der Tod, den er am Kreuze er= litten hat. Seine Aufgabe war die Ausbreitung des messia= nischen Reiches, das, von Israel über alle Völker ausgehend, einen Zustand reiner Gottes= und Menschenliebe begründen sollte. In seiner einzigartigen religiösen Begabung, mit der Innigkeit seines Gottesbewußtseins, voll Vertrauen auf den ‚Vater‘, in edler Selbstaufopferung, allgemeiner Menschen= liebe und unbefleckter Reinheit hat er seine Anhänger zu einer Gemeinde der Heiligen berufen[1].

Nicht viel mehr weiß der Ober=Hofprediger und Ober= Consistorialrath Dr. K. Schwarz von Jesu zu erzählen, wenn wir das wenige Klare und Bestimmte seiner Aussagen lösen von dem unbestimmten und buntschillernden Phrasenschmuck, den er der Schrift entlehnt und in ächtem Hofpredigerton daran gehängt hat. ‚Gottinnigkeit, das Gefühl des tiefsten und innersten Eins=Seins mit Gott, des Getragen=Werdens von ihm, diese nie gestörte Harmonie, war die Grundstimmung seines Wesens, wie er es in jener schweren Kampfesstunde ausgesprochen: ‚Doch ich bin nicht allein, denn der Vater ist bei mir.‘ Und aus dieser Grundanlage seiner Natur ging jener Geistesfund hervor, welcher, der Entdeckung einer neuen Welt gleich, die Gottes=Kindschaft der Men=

---

[1] H. Lang a. a. O.

schen verkündete. Das höchste Wesen, das über der Welt
thronte, der Gott der Majestät, vor dessen Allmacht die
Creatur im Staube lag, ein Vater der Menschen, der Mensch
ein Kind Gottes, göttlichen Geschlechts, das ist die Religion,
in welcher nach tausendjährigem Suchen und Ahnen die
Menschheit ihrer Würde, ihren Frieden, ihre Hoffnung, jeder
Einzelne in ihr den unendlichen Werth seiner Persönlichkeit
gewonnen hat ... Hier ist die Religion, befreit von ihren
äußeren Hüllen, von Ceremoniendienst und starren Formeln,
zurückgenommen in das Heiligthum des Herzens, und ebenso
die Sittlichkeit in ihrer reinsten Form, in dem Einen, alles
Andere umfassenden Gebot der Liebe und in ihrer tiefsten
Innerlichkeit als Gesinnung erkannt und persönlich dargestellt und durchlebt ... Und namentlich die Leidensgeschichte,
welche wahrscheinlich (!) die älteste Aufzeichnung über das
Leben Jesu ist, und in seltener Uebereinstimmung von allen
Evangelisten bezeugt wird, ist so reich an tief ergreifenden,
lebensvollen Zügen, stellt uns ein so mildes und zugleich so
heldenmüthiges, geistig verklärendes Bild vor Augen, daß
wir daran ein Vorbild haben für alle Zeiten, dem wir nach-
folgen auf den dunkelsten Erdenwegen ... Er ist der Gegenstand des Glaubens der Menschheit, weil er menschlich
gerungen, weil er selbst in der heißen Schlacht des Lebens
gestanden und seinen Geburtsadel erstritten; er ist ein Gegenstand ihrer Liebe, weil sie zuerst geliebt und auf dem un-
getheilten warmen Herzen getragen' u. s. w.

Ist das Alles? Ja, das ist Alles; und auch dieß Wenige vielfach doppelsinnig, allgemeine philosophische Ideen
im Gewande biblischer Anschauungen und Aussprüche [1]; man
behauptet, das ursprüngliche Christenthum aus dem Schutt
roh-sinnlicher Lehren, Vorstellungen und Institutionen wieder

---

[1] Man vergleiche hiermit die von H. Lang herausgegebenen
,Zeitstimmen'.

herausgehoben und zum Palladium einer Menschheit erhoben zu haben, die nur ein solches Christenthum, alles Ueber= natürlichen entkleidet, will, und nur ein solches erträgt. Son= derbare Widersprüche! Achtzehnhundert Jahre haben ein sol= ches gereinigtes Christenthum nicht gekannt, die Edelsten und Besten aller Jahrhunderte haben an Christum, den Gottes= sohn im Sinne des apostolischen Symbolums, geglaubt, und hatten keine Ahnung, daß dieß doch nur ein verderbtes Christenthum war, mit dem sie lebten, mit dem sie starben! Das Größte und Segenvollste, was die Welt in allen Jahr= hunderten auf allen Gebieten gesehen, das ist herausgewachsen aus dem Boden des positiven Christenglaubens und wurzelte in ihm — und nun sollen wir, um die reinen Gestalten Christi und des Christenthums zu schauen, die ‚harten Dog= men umschmelzen, um ihren religiösen Kern desto eher zu gewinnen‘, diesen achtzehnhundertjährigen Glauben als ‚Miß= bildung und Verzerrung‘ darangeben, um als Entgelt — denn etwas Anderes ist es nicht — ein Gebilde hausbackener Moral, mit schalem Deismus verquickt, zu empfangen, das sich mit den erborgten Lappen offenbar nur bildlich gemeinter Redensarten zu verbrämen sucht. Schon der gute Geschmack, der nach Göthe ein Todfeind von leerem Wortschwall ist, muß sich dagegen verwahren, wenn auch nicht höhere Motive uns bewegten, gegen solches Gebahren Protest einzulegen.

Doch, sehen wir zu, ob es wissenschaftlich vom Stand= punkt des Rationalismus [1] und liberalen Protestantismus aus erlaubt ist, von dem Christenthum des apostolischen Be= kenntnisses zu der ‚ursprünglichen, ächten und reinen Lehre Jesu‘ zurückzukehren, und in ihm ein Vorbild zu haben für alle Zeit. Von vornherein ist es ein Widerspruch, Christo seine gött= liche Natur und Würde zu rauben, in ihm einen Menschen,

---

[1] Dieser erscheint in mustergültiger Darstellung bei Röhr, Briefe über den Rationalismus. S. 404 ff.

wenn auch noch so hochstehenden, noch so vollkommenen, noch
so religiös=genialen, aber doch einen Menschen und nur einen
Menschen zu erblicken, und dennoch in ihm ein Vorbild besitzen
zu wollen für alle Zeiten. Auch Moses ist als religiöses Genie
in der Geschichte aufgetreten, und mächtige Impulse sind von
ihm ausgegangen; die erhabenste Errungenschaft dem Heiden=
thum gegenüber, die monotheistische Gottesanschauung, knüpft
sich an seinen Namen; durch seine Gesetzgebung ward das
israelitische Volk sittlich und religiös hoch erhoben über alle
seine stammverwandten heidnischen Nachbarvölker; und doch,
so mächtig und anhaltend sein Wirken war — es kam eine
Zeit, da es dem religiösen Bewußtsein der jungen Christen=
gemeinde nicht mehr genügte. Denn ein Höherer war ge=
kommen, und darum mußte er vor diesem in den Hinter=
grund treten. Wenn aber auch dieser Höhere nichts ist
als ein Mensch, dann ist es auch ihm nicht gegeben, den
unaufhaltsam fortschreitenden Gang der Weltgeschichte an
seine Person zu fesseln; neue Bedürfnisse werden sich gel=
tend machen, die er, der galiläische Jüngling, nicht kannte,
und für die er daher uns auch keine Befriedigung geben
kann; neue Fragen werden an die Menschheit herantreten,
auf welche er keine Antwort hat. Und wenn seine sittliche
Vollendung nur eine rein menschliche ist, so steht er nach
dieser Beziehung nur zufällig und dem Grade nach, nicht
wesentlich und der Gattung nach über den Heiligen
des Alten Bundes, und darum ist auch seine Vorbildlich=
keit nur eine relative, für eine bestimmte Zeit, Bil=
dungsstufe und Entwicklung, keine absolute, für die Mensch=
heit schlechthin gültige. Die Möglichkeit eines Fort=
schrittes über das Christenthum hinaus, ja das
Postulat eines solchen ist mit der Idee des Fortschrittes
und der Entwicklungsfähigkeit der menschlichen Natur von
selbst gegeben. Und dann hat man auch kein Recht mehr,
jene zu tadeln, welche an die Stelle des ‚Bettelprincips

3*

des Christenthums'[1] und seiner „egoistischen Moral'[2] eine höhere autonome Vernunftmoral zu setzen sich berufen fühlen und jede Heteronomie im Ethos als unsittlich verwerfen. Nur das Ewige und Göttliche kann Anspruch machen, unübertreffliches Vorbild zu sein für jegliche Creatur und zu jeder Zeit, da es jedem Punkt in der peripheren menschlichen Entwicklung coexistirt und dieselbe weit überragt.

Doch gehen wir noch näher auf die Sache ein. Die alten Rationalisten erkannten in Jesu einen „besondern Liebling und Pflegling der Gottheit', der, durch Veranstalten der göttlichen Vorsehung mit hohen Gaben ausgerüstet, durch außerordentliches Zusammenwirken von Umständen als Scheintodter begraben und zum Leben wieder geweckt, sein Werk nun mit Erfolg ausführen konnte und uns so die erhabenste

---

[1] Lange, Geschichte des Materialismus. 2. Aufl. Schluß.

[2] Nach v. Hartmann (Phänomenologie des sittlichen Bewußtseins. 1879. S. 24 ff.) ist die christliche Moral nur eine egoistische oder individual-eudämonistische Moral mit transcendenter Richtung, welche Lohn und Strafe in das Jenseits verlegt. Hierauf ruht seine Sittlichkeit. Nur um den himmlischen Lohn nicht zu verlieren, soll man seine guten Thaten verbergen (Luc. 6, 1 ff.), nicht weil es an sich schöner ist . . . der Glaube, die Buße (Matth. 25, 24) sind nur eine „Speculation auf himmlischen Lohn'. Was Hartmann hier als Anklage gegen die christliche Moral vorbringt, ward schon vor dreihundert Jahren von dem Concil von Trient (De poenit. can. 5 u. Sess. VI. can. 8) und später den Jansenisten gegenüber (Unigenitus Prop. 60. 61. 62. 67. Alex. VIII. pr. 15. 16. Innoc. XI. pr. 57) zurückgewiesen und der sittliche Charakter der Hoffnung und Furcht von den Theologen festgestellt. Von einem andern Standpunkt aus fordern Andere ein Hinausschreiten der Moral über jene des Christenthums (Krabolser, Die altchristliche Moral und der moderne Zeitgeist. 1876. Vgl. auch Schuricht, Tagebuch eines Materialisten und die wahnwitzigen Aussprüche von Verehrern und Verehrerinnen Moleschott's und Darwin's bei Huber, Die ethische Frage).

Religionslehre überlieferte. Wie ſchon früher bemerkt wurde, hielten ſie an dem hiſtoriſchen Charakter der evangeliſchen Erzählung feſt und ſuchten nur die wunderbaren dort berichteten Thatſachen natürlich zu erklären. Die Conſequenteren unter ihnen waren auch offen genug, zu erklären, daß die Lehre von der Perſon Chriſti gar keinen integrirenden Theil der rationaliſtiſchen Dogmatik bilde, da dieſe zwar ein Syſtem von Sätzen darſtelle, die Chriſtus gelehrt habe, aber keine Lehren enthalte, deren Gegenſtand die Perſon Jeſu von Nazareth ſei. Was wir von ihm wiſſen, das möge als ſittliches Vorbild anregend auf uns wirken, aber ſeine Schickſale gehörten nicht in ein Religionsſyſtem, das allgemeine Wahrheiten verkündet, ebenſo wenig, als das Leben und die Schickſale Kant's oder Fichte's in die Darſtellung ihrer philoſophiſchen Syſteme gehöre. Nicht der Religionslehre, nur der Religionsgeſchichte, ſagt Röhr [1], gehören Leben, Thaten und Schickſale des Religionsſtifters an und ſind deßwegen jener als hiſtoriſche Einleitung vorauszuſchicken, oder als erläuternder Nachtrag beizugeben.

Hier iſt der Punkt, wo der Rationalismus von dem Stadium eines aufgeklärten Chriſtenthums zum Abfall von demſelben fortſchreitet. Denn im Chriſtenthum iſt Chriſtus Grund- und Eckſtein, Anfang und Ende, und die chriſtliche Lehre iſt nicht bloß eine Lehre Chriſti, ſondern eine Lehre von ihm, ein Bekenntniß ſeines gottmenſchlichen Lebens, Leidens, ſeiner Auferſtehung und Herrlichkeit. ‚Was halten die Menſchen vom Menſchenſohn?‘ [2] — Dieſe Frage iſt der Prüfſtein für Alle, die den Namen Chriſti tragen. ‚Der eigentliche Inhalt des Chriſtenthums,‘ ſagte ſelbſt Schelling [3], iſt ganz allein die Perſon Chriſti . . . Chriſtus iſt nicht der Lehrer, nicht der Stifter, er iſt der Inhalt des Chriſten-

---

[1] A. a. O. S. 36, 405 ff.   [2] Matth. 16, 16.
[3] WW. 2. Abth. 4. Bd. S. 35.

thums.' An denselben Punkt setzen Strauß und v. Hartmann
ein, um den rationalistischen und liberalen Protestantismus
in seiner ganzen Blöße, seiner Unwahrheit und seinem Selbst=
widerspruch darzustellen. ‚Daß die Frage nach der Wahr=
heit des Christenthums sich zuletzt zu der nach der Persönlich=
keit seines Stifters zugespitzt hat,' sagt Strauß[1], ‚und der
Entscheidungskampf der christlichen Theologie auf dem Felde
des Lebens Jesu ausgefochten werden mußte, kann zunächst
Wunder nehmen, ist aber doch ganz in der Ordnung. Der
Werth einer wissenschaftlichen oder künstlerischen Leistung aller=
dings ist von dem, was wir über das Leben ihres Urhebers
wissen, unabhängig. Der Dichter des Hamlet steht uns um
keinen Zoll weniger hoch, weil wir von seinem Leben so
wenig, die Verdienste des Lordkanzlers, seines Zeitgenossen,
um die Reform der Wissenschaften werden uns darum nicht
zweifelhaft, daß wir von seinem Charakter manches Ungün=
stige wissen. Selbst auf dem Gebiete der Religionsgeschichte
ist es in Betreff eines Moses und Mohammed zwar von
Wichtigkeit, sich zu versichern, daß sie keine Betrüger waren;
im Uebrigen müssen die von ihnen gestifteten Religionen
ihren Werth durch sich selbst bewähren, ob wir mehr oder
weniger von dem Leben ihrer Stifter wissen. Der Grund
ist, daß sie eben nur dieß, nur Stifter, nicht zugleich
Gegenstände der von ihnen begründeten Religionen
sind. Während sie den Vorhang von der neuen Offenbarung
wegziehen, bleiben sie selbst bei Seite stehen. Sie werden
wohl verehrt, aber nicht angebetet.

Anders bekanntlich im Christenthum. Hier ist der Stifter
zugleich der vornehmste Gegenstand der Religion; die auf ihn
gegründete Glaubensweise verliert ihren Boden, sobald sich er=
gibt, daß ihm persönlich diejenigen Eigenschaften nicht zukommen,
die ein Wesen haben muß, das Gegenstand der Religion

---

[1] Der alte und der neue Glaube. S. 47.

sein soll. Im Grunde hat sich dieß zwar längst ergeben;
denn Gegenstand der Religion, der Anbetung kann nur ein
göttliches Wesen sein, und als solches den Stifter des Christenthums zu betrachten, haben Denkende längst aufgehört.
Nun sagt man aber, das habe er selbst auch niemals verlangt, seine Vergottung sei erst später in der Kirche aufge-
kommen, und wenn wir ihn ernstlich als Menschen betrachten,
stellen wir uns auf den Standpunkt, den er selber einge-
nommen habe. Aber gesetzt auch, damit hätte es seine Rich-
tigkeit, so ist doch die ganze Einrichtung unserer Kirchen,
der protestantischen wie der katholischen, nun einmal auf jenen andern Standpunkt berechnet: Der christliche Cultus,
dieses Gewand, für einen Gottmenschen zugeschnitten, wird
schlotterig und verliert alle Haltung, sobald es einem bloßen
Menschen umgelegt wird.'

Noch deutlicher spricht sich von Hartmann[1] aus:
,Fragen wir nun einmal, welches Recht denn eigentlich die
liberalen Protestanten haben, sich Christen zu nennen, abgesehen davon, daß ihre Eltern sie haben taufen und confir-
miren lassen. Zu allen Zeiten ist ein Merkmal den Be-
kennern der christlichen Religion gemeinsam gewesen: der
Glaube an Christus. An den Gott Christi glauben die
Juden und Mohammedaner gleichfalls, und an Christus als
einen weisen, tugendhaften und sich einer vorzugsweisen Liebe
bei Gott erfreuenden Propheten glauben auch die Mohammedaner. Wäre es genügend, an Christus als einen verständigen, religiösen Volksredner zu glauben, so wären die Mohammedaner ebenso sehr, ja noch mehr berechtigt, den Christennamen in Anspruch zu nehmen, als wir. Der Glaube an
Christus muß also in einem reicheren und strengeren
Sinne genommen werden, wenn er zum Christen machen soll.
Nun haben wir aber gesehen, daß die liberalen Protestanten

---

[1] Die Selbstzersetzung des Christenthums. S. 64 ff.

weder so wie Luther, noch so wie Thomas von Aquin, noch
so wie Johannes, noch so wie Paulus, noch so wie Petrus
an Christus geglaubt hat, an ihn glauben können, am allerwenigsten aber so, wie Jesus an sich als den Christus (Ge-
salbten, Messias) geglaubt hat. Wie glauben sie denn sonst
an ihn? Sie glauben an ihn als den Stifter der
christlichen Religion.

Man kann doch nicht zugeben, daß die formelle Eigen-
schaft des Religionsstifters genüge, um durch den Glauben
an dieselbe die Zugehörigkeit zu dieser Religion zu erlangen.
Denn erstens glauben auch alle Nichtchristen, die von
Christus gehört haben, an ihn als Stifter der christlichen
Religion, und zweitens wäre es ein hohler, inhaltsleerer
Cirkel, wenn der specifische Christenglaube darin bestände, an
Christus als an den Stifter des Glaubens zu glauben, daß
er der Stifter dieses Glaubens sei. Die nothwendige Folge
dieser Entleerung des Glaubens an Christum ist die, denselben
für die Zugehörigkeit zur christlichen Religion für unerheblich
zu erklären, und das entscheidende Merkmal dieser Zugehörigkeit wo anders als in dem Glauben an Christum zu suchen,
d. h. wo anders zu suchen, als ihn die zweitausendjährige
Geschichte des Christenthums bisher ausnahmslos gesucht hat.
Hierin allein schon liegt die Zerreißung des stetigen Zusam-
menhanges mit dem geschichtlichen Christenthum.'

Nachdem er des Weitern dargethan, daß es schlechterdings
unerfindlich ist, wo in aller Welt das Unterscheidungsmerk-
mal für die Zugehörigkeit zur christlichen Religion von dem-
jenigen, der als Protestant die Autorität der Tradition un-
bedingt verworfen hat, noch sollte gesucht werden können, als
in dem Glauben entweder an die Person Christi oder (wenigstens) an den Inhalt seiner Lehre, was beides dem liberalen Protestantismus von seinem Standpunkte aus unmöglich
ist, so hat dieser augenscheinlich die geschichtliche Continuität
mit dem wesentlichen Inhalte des Christenthums abgerissen,

und ist über die Stufe des christlich = religiösen Bewußtseins hinausgeschritten.

Eben darum beschuldigt v. Hartmann die Männer des liberalen Protestantismus, nicht gerade zu Werk zu gehen, wenn dieser so heftig darauf besteht, innerhalb der unirten evangelischen Landeskirche Preußens zu bleiben, wohin er ge= hört ‚wie der Sperling in's Schwalbennest‘; ihre illiberale Intoleranz gegen liberalere Standpunkte erklärt er aus dem Gefühle der Unsicherheit ihrer Stellung und dem Bedürfniß, über die schmale Grenze zu wachen, welche sie in ihren eige= nen Augen von der entschiedenen Unchristlichkeit scheidet.

Aber geben wir einmal zu, der moderne Protestantismus und Rationalismus habe noch ein Recht, sich als christliche Confession zu bekennen, wenn gleich für ihn die Person des Erlösers zu einem bloßen Religionsstifter, zur ‚erhabensten Er= scheinung auf dieser sublunarischen Welt‘ herabgesunken ist. Er behauptet, das seit zwei Jahrtausenden entstellte Christenthum auf seine wahre Idee und Wesenheit zurückzuführen, und sein ‚Charakterbild Jesu‘ aus den Quellen geschöpft zu haben. Aber gerade der liberale Protestantismus und die rationa= listische Kritik haben ja reichlich dafür gesorgt, daß die Quellen verschüttet wurden, aus denen die Christenheit ge= schöpft hatte; und wenn sie auch noch so rein und mächtig strömten, klares Wasser bieten sie dennoch nicht und können sie nicht bieten, da sie Wunderbares berichten. Wunder sind nicht möglich, lautet das peremtorische Gesetz dieser Kritik, und hiermit ist jeder Willkür, jedem subjectiven Ermessen Thür und Thor geöffnet. Das aus dem Schlingkraut der Sage und Tendenzgeschichtschreibung gelöste Bild des Jesus von Nazareth kann sie nur in wenigen schwachen Zügen dar= stellen und auch für diese hat sie nur ein ‚Vielleicht‘ oder ‚Wahrscheinlich‘. Vielleicht bringt die Kritik der Zukunft bessere Resultate an den Tag, aber bis jetzt ist sie gerade über das Wichtigste und Wesentlichste nicht im Klaren, und

3**

in den Fundamentalfragen, wie jener des Ursprunges der
einzelnen Evangelien und Briefe, stehen die Anschauungen
der Forscher dieser Schule sich einander antithetisch gegenüber.
Dieß muß so sein und kann auch gar nicht anders sein, da
mit Läugnung des Wunderbaren in Christi Leben Er selbst
geläugnet und damit die Wurzel abgegraben wird, aus der
dieses herausgewachsen, die Perspective verschoben ist, unter
welcher allein alle Ereignisse zu einem großen, wohlgefügten
Ganzen sich harmonisch ordnen. Auch nicht ein Lehrer kann
er so uns mehr sein, denn wir wissen ja nicht mehr mit
Bestimmtheit anzugeben, was er gelehrt hat. Auch kein Vor=
bild können wir mehr in ihm erblicken, denn dieß kann nur
eine in bestimmten Charakteren streng umrissene, klare, sicher
ausgeprägte Persönlichkeit sein. Die rationalistische Kritik
hat alle lebensvollen und markirten Züge aus ihrem Christus=
bilde verwischt und mit Phrasen übertüncht; es genügt, nur
einen Augenblick näher zuzusehen, um unter dem Wortschwall
den Mangel aller Realität zu fühlen und unter christlich
klingenden Redensarten auf Gedankenleere zu stoßen. ‚Tenus
sono et strepitu linguae ceterum cor inane veri‘, hat
schon Augustinus[1] gesagt.

Oder was ist es Anderes, wenn H. Lang[2], nachdem er
seine Schule gepriesen, die endlich das Christenthum neu ent=
deckt hat, Jenen gegenüber, welche den Abgrund schildern,
der zwischen den Festgedanken des christlichen Kirchenjahres
und der Weltanschauung des liberalen Protestantismus liegt,
siegreich fragt: ‚Warum sollen wir uns jetzt nicht wieder
freuen, Christen zu heißen? Wer hindert uns, mit jenen
ersten Christen zu sagen: Du bist der Christ Gottes, der
Gottessohn, an dem wir hinaufwachsen wollen, um Gottes=
söhne, Gotteskinder zu werden? Können wir nicht mehr
Weihnachten feiern? Etwa weil wir erkannt haben, daß

---

[1] Confess. III. 4.   [2] A. a. O.

die evangelischen Weihnachtserzählungen duftige Blüthen des
von Christus entzündeten frommen Gemüthes sind, um-
rankend die Thatsache der Sehnsucht der Welt aus Druck
und Angst nach der Erlösung, die ihr in der Religion der
Gotteskindschaft zu Theil wird? Können wir nicht mehr Char-
freitag feiern, weil wir nicht mehr glauben an den Tod eines
Gottes, der seinen eigenen Zorn durch sein eigenes Blut zu
sühnen auf die Erde kam? Aber Jesus hat nie so etwas gelehrt, und die persönliche Selbsthingabe an die Zwecke des
Gottesreichs, wie sie im Tode Jesu so leuchtend am Eingang
der christlichen Weltperiode steht, als das Heil der Welt und
als das oberste Gesetz der menschlichen Gesellschaft, verdient
wohl eine ewige Erinnerung. Können wir nicht mehr Ostern
feiern? Weil wir nicht mehr glauben, daß ein todter Leib
noch einmal auf die Erde zurückgekehrt ist? Aber Paulus
und die ersten Christen glaubten es auch nicht. (!) Wir stehen
mit dem Glauben, zu dem die wissenschaftliche Erforschung
des neuen Testamentes uns geführt hat: Jesus, nachdem er
Fleisch und Blut, die in das Reich Gottes nie eingehen
können, abgelegt hat, aus Todesnacht erhoben in den lichten
Himmel des Geistes und aus dieser Welt des Geistes den
Seinen erscheinend und auf sie wirkend bis an's Ende
der Tage — wir stehen bei diesem Glauben der Wahrheit
und der ursprünglichen christlichen Ueberzeugung unendlich
näher, als die Kirche mit dem Wunder der leiblichen Auferstehung. Wenn wir auch die sinnliche Hülle, in welcher dieser
Glaube bei den ersten Christen vermöge der antiken Weltanschauung noch erscheinen mußte (die sinnliche Unterwelt
und der sinnliche Himmel als besondere Localitäten), abge-
worfen haben, so sind wir im Wesen mit ihnen Eins, und
feiern nun erst recht das Ostern des Geistes.'

Und ein Anderer [1], welcher das von Holtzmann und

---

[1] H. Vassermann, Der Glaube an Jesus Christus. 1881. S. 22.

K. Schwarz schon gebrauchte Gleichniß vom ‚Heiligenbild auf
Goldgrund‘, das wir nicht mehr verehren können, gedanken=
arm wieder vorbringt, fügt bei: ‚Die Vorstellung, das Be=
kenntniß von Christo hat gewechselt und mußte wechseln, wäh=
rend das, was es ausdrücken sollte, dasselbe war und blieb
von einer Generation zur andern. Und so dürfte denn auch
unserer heutigen weder das Recht streitig gemacht, noch die
Pflicht erlassen werden, auch ihrerseits selbst den verstandes=
und begriffsmäßigen Ausdruck zu finden und zu bilden für
den gleichen Eindruck, den auch sie von Christus hat als dem
Erlöser. Ist unser Begriffs= und Vorstellungsmaterial ein
anderes geworden, als es in den ersten christlichen Jahrhun=
derten gewesen — und wer könnte das ernstlich bezweifeln? —
denken wir anders über die Natur, über den Menschen und
über Gott, als jene gedacht haben, so ist es ganz unabweis=
lich, daß unsere Generation auch von Christus sich eine andere
Vorstellung zu machen und von ihm ein anderes Bekenntniß
abzulegen hat. Was sie aber ausspricht in diesem Bekennt=
niß, wird ganz dasselbe sein, was von jeher christliche
Bekenntnisse ausgesprochen haben: der Satz, welcher, weil
er auf dem persönlichen Eindrucke von Christus ruht, ein
Erfahrungssatz ist: Christus ist mein Erlöser.‘

Worin nun diese Erlösung besteht, wird uns so ungefähr
geschildert: ‚Man nehme nur in sich auf seine Weltanschauung
des unbedingten Gottvertrauens, mit dem Alles treulich über=
wachenden Vaterauge im Himmel, mit dem verborgenen, aber
unaufhaltsam wachsenden Gottesreich auf Erden, das die
Menschen aller Völker und Zeiten in den verschiedensten
äußeren Formen zusammenschließt zu einer großen Gemein=
schaft des Geistes, welche, zusammengehalten nur durch das
Band der Liebe, und wirksam nur durch die Waffen des
Geistes, allmählich die Welt überwindet, vergeistigt, verklärt,
vergöttlicht; werden sich da nicht die Zweifel des Verstandes
lichten, werden sich nicht die Dissonanzen in Natur, Geschichte

und Leben auflösen zu einer ebenso einfachen als gewaltigen
Harmonie, in der Gott der Grundton ist und alle Stimmen
im Himmel und auf Erden je nach dem Maße ihrer Gabe
mit ihm zusammenklingen in reinen Tönen? Man nehme
nur in sich auf jene Offenbarung vom Vater im Himmel,
der seinen Kindern vergibt in unaussprechlicher Liebe, was
sie gesündigt, wenn sie nur demüthig und arm am Geiste zu
ihm kommen, ihn bitten um seine Gnade und auf dieselbe
herzlich und einfältig vertrauen: wird da nicht die Last der
Sünde auch vom strengsten Gewissen fallen, wird nicht Friede
einziehen statt der Qual, und Versöhnung statt der Ver-
zweiflung? Man nehme nur in sich auf jenen Geist der
Gotteinigkeit, jene reine starke Macht des Guten und Göttlichen, wie sie in ihm selbst waren, die von seinem persönlichen Eindruck immer wieder ausstrahlen und sich fortpflanzen
in diejenigen, welche mit liebendem Gemüth und vertrauender
Hingebung solchem Eindruck sich erschließen: wird da nicht
die schwache Kraft sich heben, der gesunkene Muth sich aufrichten, wird da nicht die Sünde fliehen und ihre Herrschaft von Tag zu Tag in wachsenden Niederlagen zurück-
weichen?' u. s. f.

Worte mit Luft gefüllt! würde Shakespeare ausrufen bei
solchem Phrasenwust. Und wer nicht, entweder um die
Orthodoxen zu ärgern, oder um seine unabhängige, von dogmatischen Vorurtheilen völlig freie Gesinnung zur Schau zu
stellen, oder um der in den Regierungskreisen gerade herr-
schenden Strömung sich gefällig zu erzeigen, solche Predigten
besucht, für den haben sie bekanntlich so wenig Anziehungs-
kraft, daß in derselben Progression die Kirchen sich leeren,
je aufgeklärter ihre Prediger werden.

,Falls die Wunder,' gesteht daher selbst Holtzmann[1] ,aus
dem für die Geschichte verwendbaren Erzählungsstoffe gestri-

---

[1] Die synoptischen Evangelien. 1863. S. 508.

chen werden dürfen, werden auch gleichzeitig die mei=
sten Farben ausgewischt, mittelst deren jenes so indi=
viduelle und lebenskräftige Bild der Persönlichkeit und des
prophetischen Wirkens Christi gezeichnet werden konnte. Die
Wundererzählungen bilden nämlich so sehr die Substanz
des synoptischen Berichts, daß, sobald man sie heraus=
bricht, die ganze Mosaikarbeit jeden erkenntlichen Plan, alle
verständliche Zeichnung verliert . . . Der Historiker, der es
für erlaubt hält, die Wundererzählungen in Bausch und
Bogen zu verwerfen, während er die unverwischbar gezeich=
neten Züge des Angesichts Jesu als historische Realität an=
erkennt, ist im Falle, reife Früchte gepflückt und genossen zu
haben von Sträuchern und Bäumen, deren Exi=
stenz er läugnet. Es wird daher ein solches Resultat an
Ueberzeugungskraft stets zurückbleiben hinter der consequen=
teren Negation derjenigen, die sowohl Gärten als Aepfel der
Hesperiden als im Fabellande befindlich erkannt haben.
Ohne Anerkennung täglich vorkommender wun=
derbarer Heilungen gibt es schlechterdings keine
evangelische Geschichte; wer sie entfernt, trägt von der
Tafel, zu der er einladt, gleich von vornherein das tägliche
Brod ab, und wird gar leicht nichts mehr übrig lassen, was
irgendwie genügen könnte.‘
    Das ist nun einmal eine verständige und verständliche
Rede. Wir erkennen Christum nicht, wenn wir in ihm nicht
den Christum der Wunder erkennen. Aber sind es denn auch
wirklich Wunder? Darauf gibt man uns keine Antwort.
Diese Vorgänge sind für uns ‚geschichtlich unmeßbar‘, sagt
derselbe Kritiker mit Ritschl [1]; es sind ‚seltsame Phänomene‘,
‚trostbringende Hülseleistungen‘, und wir werden auf die
Kritik der Zukunft hingewiesen, die zwar jenes ‚mit den
Prädicaten der Sündlosigkeit, Gottgleichheit, innern und äußern

---

[1] Jahrbücher für deutsche Theologie. 1861. S. 442.

Harmonie u. s. w. zu beschreibende Heiligenbild auf Goldgrund, wie es zu den Requisiten einer mehr der Wärme als
des Lichtes bedürftigen Erbaulichkeit gehört hat, zerstört‘, dagegen ein an wahrhafter Geistesgröße jenem Heiligenbild
überlegenes Christusbild gewinnen wird. Wie, wenn das,
was das Wesentliche und Tiefste im Leben Christi ist, in dem
Sinne, wie es erzählt wird, verworfen und in jedem andern
Sinne unerklärbar bleibt — wie sollte dann noch für uns
ein concretes Charakterbild Jesu sich enthüllen, für das wir
leben und sterben können? Schenkel[1] selbst hatte in seiner
gläubigen Periode erklärt: ‚Wir bekennen es ganz offen, wenn
Christus nicht Gottes Sohn gewesen ist, wenn er nur ein
Mensch, ein auch noch so weiser und edler Mann gewesen
ist, so haben wir nicht nur keine Veranlassung, ihn als unseren Heiland zu verehren, und unsere Kniee vor seinem Kreuze
zu beugen, sondern sein sittlicher Charakter tritt vielmehr für
diesen Fall in ein so zweideutiges Licht, daß wir uns eher
von ihm abgestoßen, als zu ihm hingezogen fühlen müßten.‘

Einen anderen Ausweg hat darum der Leydener Professor der Theologie, Dr. L. W. E. Rauwenhoff[2], versucht.
‚In wiefern,‘ fragt er, ‚ist Uebereinstimmung mit Jesu nothwendig?‘ Natürlich nicht in dem, antwortete er, was das
apostolische Symbol, was das Mittelalter oder die Reformation
über seine Person und sein Werk aussagen. ‚Man muß bei
ihm diejenigen Principien des religiösen Lebens finden, welche
noch die unserigen sein können.‘ So ist weder seine
Person Gegenstand, noch seine Lehre Norm unseres Glaubens; ‚wir, die wir uns noch Christen nennen, wir erklären,
daß wir dieß aus innerem freien Antriebe thun: nicht darum,
weil unsere Weltanschauung dieselbe ist, wie die von Jesu;

---

[1] Vorträge über das Wesen des christlichen Glaubens. Hiemit
im Widerspruch dessen: Grundlehren des Christenthums, 1877, bes.
S. 324 ff.

[2] D. F. Strauß. 1873. S. 35.

auch nicht, weil Jesus in unseren Augen noch der Gegen=
stand religiöser Verehrung sein kann; auch nicht, weil wir
in seiner Lehre einen unfehlbaren Leitfaden für unsere per=
sönlichen oder gesellschaftlichen Pflichten finden, — sondern
weil wir in seiner Religion die Principien des freien, des
geistigen, des liebevollen religiösen Lebens erkennen, die nach
unserer Ueberzeugung die Kennzeichen der wahren Religion
sind. Auf Grund der Uebereinstimmung in den Principien
nennen wir uns seine Anhänger.' Und um seine Ansicht
recht zu verdeutlichen, erklärt er, daß, wie wir noch Ger=
manen sind, trotzdem daß wir nicht mehr denken und leben
wie zu des Tacitus Zeit, wir so noch Christen sind, weil,
wie wir die bezeichnenden Züge des germanischen Charakters
bewahrt, so das christliche Princip in unsere Entwicklung
mit aufgenommen haben. Als wäre das Christenthum ein
Naturproduct, wie Volks= und Stammeseigenthümlichkeit!
Und wie er entblödet sich nicht ein Anderer zu erklären, das
Recht, den Namen eines Christen zu tragen, hätten wir da=
durch gewonnen, daß wir auf dem Boden des Christenthums
zu einer Denkart herangewachsen sind, welche sich stark
genug fühlt, über alle positiven Religionen
hinauszublicken. ‚Das Christenthum ist mit dem allge=
meinen Strom der Cultur so zusammengeflossen, daß kein
Scheidekünstler die Mischung aufzulösen vermag. Wie viel
davon auf Rechnung von Jesus und seiner ersten
Bekenner kommt, ist heute eine müßige Frage.
Genug, daß Niemand mehr im Stande ist, zu bestimmen:
so weit reichen die Wirkungen des christlichen Glaubens und
hier beginnt die Herrschaft eines andern Princips.'[1]

Im Grunde brauchen wir eigentlich von der Person Jesu
nicht viel zu wissen, meint L'Ange Huet[2]. ‚Die moderne
Theologie fühlt, daß das Recht einer Religion nicht ab=

---

[1] W. Lang, Dr. Strauß, eine Charakteristik. 1873.
[2] De Gids, April 1873. S. 81 ff.

hängig gemacht werden kann vom größeren oder
geringeren Umfang des Wissens über Jemand,
der Jahrhunderte früher gelebt hat ... Das Gebiet
der historischen Untersuchung ist ein anderes, als das der
religiösen Erbauung.   Dieß ist der Grund, warum die mo=
derne Theologie ziemlich gleichgiltig bleiben konnte
bei dem Nachweis, daß wir historisch wenig von
Jesu wissen.   Und sie konnte das um so gemächlicher,
weil das Fehlen eines menschlich faßbaren Bildes von Jesu
so alt wie das Christenthum selbst ist ...   Das praktische
Christenthum, welches zu allen Zeiten neben dem dogmatischen
bestanden hat, welches die subjective Seite des Glaubens, die
Nachfolge Jesu, die Aehnlichkeit mit ihm anstrebt, hat, wo es
streitige Berichte über ihn galt, sich in früheren Tagen so
gut wie jetzt mit einem à peu près behelfen müssen.' Er
sucht hierauf nachzuweisen, daß die Erbauung von einer Er=
zählung ganz unabhängig von deren Geschichtlichkeit sein
könne, wofür die Dichtungen von Joseph und Hamlet auf=
geführt werden!   ‚In dieser freien Empfänglichkeit für die
uralten Kunstwerke, in welchen die Menschheit ihre Religion
niedergelegt hat, hat der Moderne seine Entschädigung für
die stets mehr oder weniger exclusive Kirche.' —

Es ist bewiesen, Christen sind diese Alle nicht mehr, deren
Stimmen wir soeben vernommen haben; sie sind dieß nicht
weder im Sinne der katholischen Kirche und des gläubigen
Protestantismus, noch im Sinne des ältern Rationalismus,
und noch weniger können sie durch ihre Behauptung, daß
achtzehnhundert Jahre hindurch ein entstelltes Christenthum
die Welt getäuscht und sie das ächte, ursprüngliche Christen=
thum an's Licht gebracht, auf diesen Namen Anspruch ma=
chen.   Mit demselben, ja mit noch viel mehr Recht dürf=
ten diese sich Bekenner der Mosaischen Religion
nennen.   Ist es doch gerade der Dekalog, der unserer ge=
sammten europäischen Bildung und Gesittung zu Grunde

liegt und immer sie bedingen wird, da er aus einer reinen
Gottesanschauung und edler Humanität herausgewachsen ist,
durch den der Mosaismus in unsere Zeit hereinragt, ihren
sittlichen Gehalt bestimmt und bei allem Wechsel der Zeiten
und Völker und aller Meinungen, bei aller Verschiedenheit
der Bildungsstufen grundlegend bleiben wird. Ja, gerade
diese zwei Grundlehren der Gottes- und Nächstenliebe, um
welche sich als ihren Mittelpunkt die übrigen Gebote des
Dekalogs ordnen, hat Jesus ausdrücklich wieder eingeschärft[1].
Sie bilden das Caput mortuum der modernen Theologie —
was unterscheidet diese demnach von dem Judenthume, nachdem sie Alles, wodurch Christus hoch über den Gesetzeslehrern
und erhaben über alle Menschen vor und nach ihm steht,
ihm geraubt hat? Und wenn diese Modernen, welche jeden
Unterschied zwischen Christenthum und liberalem Judenthum
bis auf eine fast unkenntliche Linie verwischt haben, auf einzelne ‚Sentenzen und Gnomen‘ Jesu hinweisen — hat dieses
als Entgelt nicht dafür seinen Rabbi Hillel, Akiba, Ben
Soma, die es mit Stolz nennt, von denen namentlich der
erste, eine volle geschichtliche Persönlichkeit, als Reformator
des Judenthums bis auf den heutigen Tag gepriesen wird
und in seinen weisen Sprüchen fortlebt? In der That, nehmen wir die Stammeseigenthümlichkeit und durch Vererbung
überkommenen Charakterzüge hinweg, was haben die Männer
des liberalen Protestantismus mit ihrem ‚Christenthum Christi‘
voraus vor dem liberalen Judenthum, das sich auch keineswegs weigert, sich selbst als ‚die Frucht einer stetigen historischen Entwicklung‘ zu bezeichnen, und ebenso, wie jener behauptet, ‚vom Buchstaben zum Geiste‘, aus den Schranken
der Gesetzlichkeit immer mehr zur Religion der Freiheit und
Humanität, der Weltreligion, sich fortzubilden.

----

[1] Luc. 10, 25—28. Marc. 12, 30—32. Vgl. Deuteron. 6, 4—5.
Levit. 19, 18.

Und ſelbſt das Organ des Proteſtantenvereins, die prote-
ſtantiſche Kirchenzeitung, erklärte gegenüber einem Erlaß des
Ober-Kirchenraths zu Berlin, Uebertritte evangeliſcher Chriſten
zum Judenthume betr. [1]: ‚Es gibt in heutiger Zeit manches
jüdiſche Haus, das nicht nur hoher künſtleriſcher und wiſſen-
ſchaftlicher Bildung ſich erfreut, nicht nur in edler Form das
Leben geſtaltet, nicht nur von hohem ſittlichem Ernſt, ſondern
das auch vom Geiſt des Evangeliums durchdrungen iſt, indem der Glaube an die verſöhnende Gnade Gottes Friede,
Demuth, Liebe in den Gemüthern erzeugt.‘

Wie dieſe Juden im Geiſte Chriſten, ſo ſind dieſe Chriſten
eigentlich Juden. Denn den Mohammedanern können wir
ſie nicht zuzählen, da dieſe außer den Wundern, Prophetien
und der ſittlichen Vorbildlichkeit Jeſu ſeine übernatürliche Geburt bekennen [2]. Aber mit den Juden haben die verſchiedenen
Richtungen der Aufklärungstheologie, jene von der äußerſten
Hegel’ſchen Linken mit ihrer Lehre von der Immanenz aus-
genommen, den Glauben an das Daſein des Einen Gottes
gemein, was nach dem Talmud hinreicht, um als Jude angeſehen zu werden [3], und ihnen nach Zerſetzung der chriſtlichen Dogmen allein noch übrig bleibt. Weigert ſich doch
auch der Jude nicht, in der Entſtehung des Chriſtenthums
ein ‚großartiges Weltereigniß zu erblicken, welches in ſeiner
ganzen Bedeutung gewürdigt zu werden verdient‘ [4]. Und
mußte ein hervorragender Vertreter der modern-chriſtlichen
Theologie, der von einer Auffriſchung der jüdiſchen Begriffs-
welt durch den modern-chriſtlichen Geiſt Allerlei geredet und
dabei erklärt hatte, über die Perſon und Bedeutung des hiſtoriſchen Chriſtus könne der Proteſtantenverein keine gemein-

---

[1] Vgl. ‚Beweis des Glaubens‘. VII. S. 325.

[2] Sayous, Jésus-Christ d’après Mahomet. 1881.

[3] Philippſohn, Weltbewegende Fragen. 1869. II. S. 199.

[4] A. Geiger, Das Judenthum und ſeine Geſchichte. 1865.
S. 147.

ſame Aufſtellung kundgeben [1], von einem Rabbiner ſich belehren
laſſen: ‚Ganz offen geſagt, das Moderne iſt nicht chriſtlich
und das Chriſtliche iſt nicht modern. Das Chriſtenthum hat
vor achtzehn Jahrhunderten abgeſchloſſen, jede weitere Bewegung (weſenhafte Veränderung) von ſich ferne gehalten, ſie
zu allen Zeiten bekämpft und bekämpft ſie noch, nicht bloß
in dem überwiegenden Theile deſſelben, dem Katholicismus,
ſondern auch in dem kleineren Theile der Chriſtenheit, welcher
der geſchichtlichen Entwicklung einigen Raum gegönnt hat,
dem Proteſtantismus, wo die in theologiſchen Kreiſen wieder
weitaus herrſchende Rechtgläubigkeit das Moderne als ihren
ärgſten Feind bekämpft. Die moderne Bildung hat
religiös ſich an den jüdiſchen Monotheismus,
wiſſenſchaftlich und künſtleriſch ſich an das Griechenthum angelehnt, das ſpecifiſch Chriſtliche entweder ignorirt oder ge-
radezu abgewieſen . . . Die moderne Geiſteentwicklung iſt
eine auf das Chriſtenthum ausgeübte Wirkung, es iſt nicht
deren Urſache. Dieſer allgemeinen Culturentwicklung hat ſich
aber auch die Judenheit nicht verſchloſſen, ſie hat ſich vielmehr ihr willig hingegeben, hat ſich nach Kräften an ihr be-
theiligt . . . Weil ſeit dreihundert Jahren die Völker, deren
officiell herrſchende Religion das Chriſtenthum iſt, an der
Spitze der Bildung ſtehen, wie in früheren Jahrhunderten
die Völker, welche ſich zum Islam bekannten, ſo hält ſich
das Chriſtenthum für berechtigt, alle moderne Cultur als
ſein Werk zu proclamiren . . . pocht auf das, was ihm ab-
gerungen iſt, trotz ſeinem Widerſpruch vollzogen wird, als
auf ſein Werk.‘ [2]

Es iſt bitter, ſolches ſich müſſen ſagen laſſen, aber es
gebührt denen, die nach achtzehnhundert Jahren an die Stelle

---

[1] Der zweite deutſche Proteſtantentag, 27. Sept., 1. Theſe des
Prof. Dr. Holtzmann.

[2] A. Geiger a. a. O. II. S. 190.

der christlichen Religion die Religion Christi zu setzen ge=
denken und die ganze Entwicklung des Christenthums als
eine ungesunde und abnorme bezeichnen. Und die ebenge=
nannten Stimmen, welche ihre volle Gleichgiltigkeit aus=
sprechen bezüglich des geschichtlichen Bildes Jesu, mögen dem
Rabbiner die Hand reichen, wenn er sagt: ‚Das gehört mit
zu den wesentlichen Unterscheidungen zwischen Judenthum
und Christenthum, daß jenes nicht auf eine Persönlichkeit be=
gründet ist, sondern seinen Grund in sich trägt ... Wir grün=
den unsere Wahrheit nicht auf Personen und grenzen sie
nicht auf bestimmte Zeiten ab.‘

Auch das Judenthum, wird uns versichert, bildet einen
Factor in der Weltgeschichte, und geht in den geistigen Ent=
wicklungsgang der Menschheit ein. Denn das Judenthum
ist ‚die geschichtliche Entwicklung des Mosaismus, und das
Judenthum des neunzehnten Jahrhunderts das im und zum
menschengeschlechtlichen Culturleben sich entwickelnde Juden=
thum‘ [1], wofür es in der Messiasidee den treibenden Impuls
hat. Wahrhaftig, hätte das Christenthum keine andere Ein=
wirkung geübt, als daß es ‚mit dem allgemeinen Strome der
Cultur zusammenfloß‘, dann hätte der Jude Recht. Aber
gerade das, woran auch die Gegenwart sich noch nährt, die
sittlichen Ideen, die in das Fleisch und Blut des Abendlandes
übergegangen sind, die mächtige Geistesströmung, die Alles
umgeschaffen, was die Vorzeit an Bildungsschätzen geboten,
Alles, Staat und Gesellschaft, Sitte und Recht, das Gewissen
des Einzelnen und die öffentliche Moral, Wissenschaft und
Kunst, bis auf unsere deutsche Sprache, durchdrungen und
erneut hat, das war nicht der abgeblaßte, von der Kritik
zerbröckelte Torso eines bis zur Unkenntlichkeit entstellten
‚Charakterbildes Jesu‘, das war das schöpferische Princip, das
uns erschienen ist in unserm Gott und Heiland Jesus Christus.

---

[1] Philippsohn a. a. O. II. S. 196.

Noch mehr; das ächte, reine, ursprüngliche Christenthum, sagen sie uns, haben sie endlich gefunden. Gefunden? aber die Kritik hat es ja immer noch als ein Problem vor sich liegen. Doch, es sei so. Wer kann aber noch an Gott, an dessen Vorsehung und Leitung der Menschheit glauben und zugleich diesen Satz aussprechen? Gerade der Rationalismus, der in Jesu von Nazareth den Liebling und Pflegling der Gottheit erkannte, und in dessen Lebensschicksalen die besondere Führung Gottes nachzuweisen sich angeschickt hatte, widerspricht sich selbst. Die wahrheitsdürstende Menschheit hätte demnach die Vorsehung durch das Labyrinth zweitausendjähriger Irrthümer geführt — und welcher Irrthümer, wenn es einmal Irrthümer sind! Und sagen wir es doch offen: was der Mensch, sei es im Rationalismus vulgaris, sei es nach Kant's ‚moralischer Schriftauslegung‘, sei es im Gewande sentimentaler Phrase oder auf dem Kothurn tiefsinniger Speculation, schließlich als Rest religiöser Belehrung und sittlicher Vorbildlichkeit aus den Urkunden der Offenbarung schöpft, das hat er denn doch nicht so fast diesen selbst, als der Bildung der Zeit, der Populärphilosophie oder dem Kriticismus oder den pantheistischen Systemen der Neuzeit entlehnt. Ja, statt daß eine solche Offenbarung, wenn auch im weiteren Sinne genommen, wie einst Fichte[1] forderte, die Menschheit aus ihrem tiefen Verfall erhoben und zur sittlich=religiösen Erneuerung den Anstoß gegeben hätte, war dieselbe, da sie die reine Vernunftreligion und das Moralgesetz durch die dicken Schalen sinnlicher Vorstellungen verdeckte und verunstaltete, viel eher geeignet, das Geschlecht erst recht auf einem niedrigen Standpunkte festzuhalten, und so der Verbreitung ächter Aufklärung die mächtigsten Hindernisse zu bereiten.

Da begreift es sich denn, daß Neuere es versucht haben, den schwachen Rest religiös=sittlicher Belehrung, der ihnen

---

[1] Kritik aller Offenbarung. S. 104 ff., 134.

nach Abstreifen alles Mythischen und Schwärmerischen in den
Evangelien noch geblieben ist, auf eine einfachere und weniger
mühevolle Weise zu gewinnen. Es sind die großen Weisen,
die vor Christus bereits lebten, und ähnliche, ja, wie Manchen
dünkt, noch reinere Grundsätze, wenigstens ohne Beimischung
egoistischer Triebe, ausgesprochen haben. Da begegnet uns
vor Allem Socrates, den der Rationalismus des vorigen
Jahrhunderts so gerne Christo an die Seite setzte. Da ist Rabbi
Hillel, der bereits ein Menschenalter vor Christus die Näch=
stenliebe als die Summe des ganzen Gesetzes bezeichnet hat;
da ist der Einsiedler von Capilavastu, Sacya, der schon fünf=
hundert Jahre vorher die allgemeine Wesenliebe gelehrt; da
ist endlich Epiktet, der Philosoph im Sklavengewande, der
ein Menschenalter nach Christus alle Menschen Brüder ge=
nannt hat. Da ist der eklektische Platoniker Celsus, der
in seinem ,wahren Wort, ἀληθὴς λόγος', vor bereits sechzehn=
hundert Jahren die Quintessenz des modernen Protestantismus
gelehrt hat. ,Die Erzählung des alten Testamentes über
Erschaffung der Welt, Sündenfall, Sündfluth u. s. f. sind
Sagen ohne geschichtlichen Werth; an Wunder zu glauben,
ist lächerlich; Jesus war Sohn Gottes in moralischem Sinne,
wie es alle Menschen sind... Die Versöhnung durch Christus
ist ein Wahn; das Streben nach Vollkommenheit ist die einzig
vernünftige Religion; das Christenthum paßt nur für dumme,
einfältige Menschen; die Christen verachten den ewigen Gott
und beten einen Menschen an'[1].

Selbst Lactantius[2] konnte nicht umhin, einzugestehen,
daß viele erhabene Wahrheiten bei den Philosophen sich fin=
den, die, könnte man sie in ein System vereinigen, der christ=
lichen Lehre nicht fern stehen würden. Dennoch aber betont
er die Nothwendigkeit des Glaubens an Christus; denn die

---

[1] Origen. c. Cels. pass.
[2] Instit. div. VII. 7.

Welt will nicht bloß Belehrung, nicht bloß ein, wenn auch noch so erhabenes, aber doch immer menschliches Vor= bild, sie verlangt nach Erlösung, nach Befreiung von Sünde und Tod; nicht bloß nach Jesus von Nazareth, son= dern nach Christus dem Heiland. Dieß führt uns zu einer weiteren Untersuchung über das Wesen des modernen Prote= stantismus und sein Verhältniß zu dem Glauben der Refor= matoren, zur Prüfung seines Materialprincips.

VII. Das Materialprincip im Protestantismus.

Die Rechtfertigungslehre der Reformatoren. — Ihre Consequenzen. — Die Vermittlungstheologie.

Das Materialprincip der Reformatoren schließt zwei Mo= mente in sich: das objective und das subjective. Jenes bildet die Gerechtigkeit Christi, das subjective der Glaube, um dessen= willen jene uns zugerechnet wird. Erst 1520 war Luther zum Verständniß ‚dieses Hauptartikels‘ gekommen. ‚Darum ist dieß eine hohe Predigt und himmlische Weisheit, daß wir glauben, unsere Gerechtigkeit, Heil und Trost stehen außer uns, daß wir vor Gott seien gerecht, angenehm, heilig und weise und doch in uns eitel Sünde, Ungerechtig= keit und Thorheit.‘[1]   So wird Christus, im Glauben er= griffen, unsere Gerechtigkeit; der Glaube ergreift Christum und hält ihn eingeschlossen ‚wie der Ring den Edelstein‘[2]; wer so gesunden wird, daß er durch den Glauben Christum im Herzen trägt, den hält Gott für gerecht. Dieser rechtfertigende Glaube ist nicht die Annahme der kirchlichen Lehre überhaupt (fides historica), sondern die unfehlbare Gewißheit, daß

---

[1] WW. XIV. 181.
[2] Inclusam annulus gemmam tenet. Ad Galat. Comment. I. 195.

Gott meine Sünden nicht anrechnet (fides fiducialis)[1]. ‚Von
dieſem Artikel kann man nichts weichen oder nachgeben, es
falle Himmel und Erde. Auf dieſem Artikel ſteht Alles, was
wider den Papſt, Teufel und Welt lehren und leben. Darum
müſſen wir deß ganz gewiß ſein und nicht zweifeln, ſonſt iſt
Alles verloren, und behält Papſt und Teufel und Alles wider uns den Sieg und das Recht.‘[2] Dieſe Gerechtigkeit
Chriſti iſt die Weſensgerechtigkeit ſeiner göttlichen Natur,
Jehovah iſt unſere Gerechtigkeit[3]; ‚wenn er durch den Glauben in uns wohnt, ſo bringt er ſeine Gerechtigkeit, die ſeiner
göttlichen Natur iſt, mit ſich in uns, die wird uns dann
auch zugerechnet, als wäre ſie unſer eigen ... Und obſchon
noch Sünde in unſerm Fleiſche wohnt und uns anklebt, ſo
iſt's doch eben als ein unreines Tröpflein gegen einem reinen
Meere, und Gott will's um der Gerechtigkeit Chriſti willen,
die in uns iſt, nicht ſehen.‘[4] So werden alle Gründe und
Urſachen der Rechtfertigung aus dem Menſchen hinaus in
Chriſtum verlegt; denn auch der Glaube iſt nur das Organ, ge-
wiſſermaßen der aufgeſperrte Mund[5], mit welchem wir die Gerechtigkeit Chriſti aufnehmen, aber ſelbſt wieder ohne jedes Ver-
dienſt, da wir ja ohne jede Freiheit ſind[6]; dieß gilt noch mehr
von den Werken, was eine Beſchimpfung Chriſti wäre; denn
wenn wir ſelbſt irgendwie etwas zu unſerem Heile beitragen
könnten, wozu wäre dann Chriſtus auf Erden erſchienen?[7]

Schon gleich bei Beginn der Reformation mußte die offenkundige Einſeitigkeit dieſer Theorie, welche ihre letzte Wurzel
in der Lehre vom Servum arbitrium hat, den Widerſpruch
herausfordern. Nicht bloß die Katholiken[8] machten geltend,

---

[1] Apol. III. 183; IV. 60.   [2] Art. Smalc. P. II. p. 306
[3] Jerem. 23, 6.   [4] Bei Lutharbt a. a. O. S. 203.
[5] Calvin. Instit. III. 11.
[6] Voluntatem in conversione pure passive se habere.
F. C. Epit. p. 582.
[7] Apolog. III. 29.   [8] Bellarmin. De justific. II. 7.

daß ja auf diese Weise Gott ein falsches Urtheil fälle, indem
er den gerecht nenne, der es nicht ist; dieß aber, sowie ihr
Hinweis auf Gottes Liebe (amor Dei actuosus und efficax),
welche die Dinge gut macht, um sie zu lieben, und darum
auch wirklich liebt, wurde als eine ungerechtfertigte Anmaßung
der Vernunft in Glaubenssachen bezeichnet[1]. Wie die Katho=
liken damals und jetzt, faßt nun auch der noch gläubige
Protestantismus diese Lehre auf. Hören wir P. Lange
(Positive Dogmatik, § 95): ,Der Sünder wird gerecht ge=
sprochen. Aber es ist ein schöpferisches Sprechen, er
macht ihn gerecht, indem er ihn gerecht spricht. Ein Ge=
rechtsprechen ohne Gerechtmachen wäre gegen die Wahrheit.'
Ebenso Olshausen (zu Röm. 3, 21). Osiander schon
erklärte daher, daß die Gerechtigkeit Gottes uns durch Chri=
stus mitgetheilt wird[2]; ebenso lehrten Schwenckfeld und die
späteren Mystiker, wie Seb. Franck und Valentin Weigel,
die Mennoniten und Quäker[3]. Der Rationalismus, welcher
schon in den Lehren der Socinianer und Arminianer seine
Vorläufer hatte[4], deutete die alte Rechtfertigungslehre in dem
Sinne um, daß Gott nicht auf das Einzelne unserer Hand=
lungen, sondern auf das Ganze, die Gesinnung sehe, auf die
,Ueberzeugungstreue', was der Apostel unter der ,πίστις' ver=
standen habe[5]. Je mehr daher der Einzelne nach Christi
Lehre und Beispiel sich zu bilden bestrebt ist, desto mehr
wird er vor Gott gerecht. Die Rechtfertigungslehre der Re=
formatoren dagegen, welche wegen des Strafleidens Christi
dem Sünder Straflosigkeit verspricht, selbst für den Fall,
daß die Sünde noch fortan in ihm eine herrschende Macht

[1] Chemnit. Exam. Concil. Trident. p. 209.
[2] Wilken, Osianders Leben, Lehre und Schriften. 1844.
Planck, Geschichte des protest. Lehrbegriffs. IV. S. 270 ff.
[3] Möhler, Symbolik. § 60.
[4] Vgl. Strauß, Glaubenslehre. II. S. 490 ff.
[5] Wegscheider, Instit. § 155.

bliebe, bezeichnete er als sittlich gefährlich, da sie der Leicht=
fertigkeit den weitesten Spielraum öffne[1].

Der Hiatus zwischen dem objectiven Heilsgrunde und der
subjectiven Aneignung desselben, wodurch dieser ein sittliches
Lebensprincip für die Gläubigen wird, liegt am Tage. Die
protestantische Rechtfertigungslehre vermag nicht die Frage zu
beantworten, wie Gott den Sünder auf Grund der rein ob=
jectiven Imputation eines fremden Verdienstes als einen Ge=
rechten behandle, wie der Act der Gerechtsprechung (justi=
ficatio mere forensis) um Christi willen zugleich der Grund
einer sittlichen Erneuerung des Sünders sei. Darum mußten
die Pietisten und Methodisten dahin kommen, daß sie nicht
die Glaubensgewißheit, sondern die Erfahrung als das
Kennzeichen ihrer Gerechtigkeit vor Gott aufstellten, wozu die
Verknöcherung der Orthodoxie, welche die äußere Lehrcorrect=
heit betonte und jeden Hinweis auf die innere Heiligung als
eine Schmälerung der Verdienste Christi bezeichnete, den äu=
ßeren Anstoß gab. Die Erfahrung, sei es im Schmerzgefühl
über die Sünde, sei es in der Wonne, welche der Ge=
rechtfertigte empfindet im Umgange mit Jesu und in seiner
Anhänglichkeit an den ‚Wundenmann‘ (Zinzendorf), gibt ihm
die unmittelbare Versicherung von seinem Gnadenstande; aller=
dings nur ein subjectives und daher sehr trügerisches Unter=
pfand des persönlichen Heilsbesitzes[2].

Hier ist es nun, wo die Vermittlungstheologie einen
Anknüpfungspunkt fand, um sowohl die Rechtfertigungslehre
der Reformatoren, wenn auch mit bedeutender Umgestaltung,
zu retten und zu vertiefen, als auch ganz besonders im apolo=
getischen Interesse, um den durch den Rationalismus und die
destructive Kritik tief erschütterten Bau des Christenthums auf
einer neuen stärkeren Grundlage scheinbar wieder aufzurichten.

---

[1] Schenkel a. a. O. S. 386.
[2] Vgl. R. A. Lipsius a. a. O. S. 680 ff.

—

4 *

VIII. Schleiermacher und seine Schule.

Schleiermacher; sein System; seine Christologie. — Kritik. — Die
Erfahrung als Grund der Glaubensgewißheit. — Kritik.

Es war Friedrich Ernst Daniel Schleiermacher († 1834),
der dieser Aufgabe sich unterzog. Wenn Einer, so war er geeignet, sie zu lösen; ein Mann von seltener Begabung, emi-
nenter Dialectiker, voll Scharfsinn, Witz und Skepticismus,
und wieder des leicht erregbaren Gefühles, genährt von dem
Besten, was die classische Literatur uns bietet, Uebersetzer
Plato's, der es verstand, in geschmackvoller Darstellung in seinen Reden die Religion bei den ‚Gebildeten unter ihren Verächtern' wieder zu Ehren zu bringen, schien er berufen, eine
neue Epoche der Theologie zu inauguriren, dem auch daher von
Vielen der Name eines Vaters der modernen Theologie, eines
zweiten Luther und Reformators des neunzehnten Jahrhunderts
bereitwillig zuerkannt wurde. Gerade diese Versatilität seines
Wesens, mit welcher er seine berühmten Monologe voll hoher
Sittlichkeit, aber auch Briefe über Schlegel's Lucinde schrieb,
den ‚heiligen Spinoza' gegen seine Ankläger in Schutz nahm,
den Protestantismus erneuerte und zugleich den Katholicismus
als dessen nothwendigen Gegensatz erkannte, und schließlich ‚die
Philosophie an die Theologie, die Theologie an die Philosophie
verrieth', trug nicht wenig dazu bei, daß er nicht bloß Haupt
einer Schule wurde, sondern den verschiedensten Richtungen
in der Theologie Impuls, Halt und Ideen gab. Die Orthodoxie, freilich in sehr abgeschwächter Form, hat sich an
ihn angelehnt, wie bei Twesten, Nitzsch, Sack, Jul.
Müller; die weiter nach links stehenden Neander, Ullmann, Umbreit, Lücke, Olshausen, Hundeshagen
blicken zu ihm als ihrem Meister hin; die rationalistische
Kritik nahm seinen Geist in sich auf in de Wette, Hase,
Bleek, Baumgarten-Crusius, Thilo, Schwarz,

Gieseler, Credner, A. Schweizer, und selbst der Pie-
tismus empfing von ihm eine starke Anregung. Ueber die
Kreise der Vermittlungstheologie hinaus, die von seinem
Geiste mehr oder weniger zehrte, schlugen die Wellen der von
Schleiermacher ausgehenden Bewegung bis hin zu den Männern strenger Kirchlichkeit, wie der entschiedensten Negation.
Der „positive" Theologe Dorner[1] hebt Schleiermacher's
Verdienst in folgenden Worten hervor: „Durch die Innigkeit
seiner in der Brüdergemeinde gepflegten Frömmigkeit, in welcher die Liebe zum Erlöser den Mittelpunkt bildet, sowie
durch die Fülle seines Geistes und die methodische Kraft seines architektonischen Scharfsinnes hat er den Uebergang zu
einer erneuten evangelischen Theologie gemacht. Sein Haupt-
verdienst ist, daß er den Gegensatz von Rationalismus und
Supernaturalismus auf innere Weise, d. i. principiell überwunden hat, eine wissenschaftliche That, die nur so gelingen
konnte, daß er das Berechtigte in beiden nicht eklektisch, sondern durch ein beiden überlegenes Princip zusammenschloß.
Insonderheit hat er die Glaubenslehre regenerirt durch die
Lehre von der nothwendigen Selbstbeglaubigung der
christlichen Wahrheit in dem Bewußtsein. Er ist
es, der die Idee der Kirche zuerst wieder mit Macht und
Begeisterung geltend gemacht hat. Die Ethik hat er umgeschaffen durch seine Güterlehre und seine Erkenntniß der Bedeutung der Individualität. Für die exegetische Theologie
hat er das Beispiel einer aus dem Glauben stammenden
Kritik gegeben. Er läugnet aber ein Wissen von Gott und
hält das fromme Gefühl als die einzige Form fest, in der
das Absolute kann geistig aufgenommen werden. Die Theologie, die kein Wissen von Gott soll sein können, ist ihm
nur ein Wissen von dem christlichen Bewußtsein oder der
christlichen Frömmigkeit, also nur Selbstbesinnung.'

---

[1] Geschichte der protest. Theologie. S. 794.

Anders urtheilt freilich J. Chr. Baur[1], der in seiner „Kir-
chengeschichte des neunzehnten Jahrhunderts' von Schleiermacher
schreibt, daß, so sehr er das Wesen der Religion vergeistigt
habe, so sehr habe er es auch verflüchtigt. Schleiermacher's
Lehre von Gott sei ein entschiedener Pantheismus, er gehe im
Negiren auch über den Rationalismus hinaus, er glaube an
keinen persönlichen Gott, keinen historischen Christus, an keine
persönliche Unsterblichkeit; er sei überhaupt ein Mann, der
etwas Anderes sage, als er eigentlich meine, der sich darauf
verstehe, die Wahrheit zu verschleiern.

Schleiermacher also wollte den Rationalismus mit dem
Supernaturalismus versöhnen, d. h. Ja und Nein zugleich
aussprechen, was bekanntlich eine schlechte Theologie ist.
Wenn er darum Führer einer großen Jüngerschaft der
verschiedensten religiösen Färbung geworden ist, so wissen
wir jetzt, warum. Der Rationalismus, namentlich wie er
in der biblischen Kritik zerstörend gewirkt hatte, empfing
sein Recht, und dabei schien es, als habe der christliche Glaube
an Tiefe, Wärme und Innigkeit keine Einbuße erlitten.
,Statt des weitläufigen alten Schlosses mit seinen Verließen
und Thürmen, seinen Sälen und Corridoren, in dessen ver-
schwenderischen und doch unzweckmäßigen Räumen man sich
täglich weniger behagte, und von dem man einen Flügel nach
dem andern als baufällig hatte räumen und dem Verfalle
preisgeben müssen, stand jetzt ein neuer Pavillon zu Diensten,
im modernen Stile gebaut, und ebenso elegant als wohnlich
eingerichtet. Kein Wunder, daß das alte Rattennest, wie es
der Undank nun nannte, von seinen sämmtlichen Bewohnern
verlassen wurde, und Alles sich in den neuen Bau herüber-
zog ... Den leichten Bau des letzteren, seine dünnen Wände
und Böden wollte Niemand bemerken, bis man jetzt an allen
Ecken und Enden die Ritzen und Schäden sieht, welche das

---

[1] 1862. S. 188 ff. 204 ff.

neue Kartenhäuschen seiner Auflösung mit einer Schnelligkeit
entgegenführen werden, die manche seiner jetzigen Bewohner
nöthigen dürfte, sich wieder in den Trümmern der alten
Steinmasse anzusiedeln.' [1]

Wie wir oben gesehen, bildet die Erfahrung des Gnaden-
standes für die pietistische Richtung das Kriterium der Rechtfertigung, des Besitzes Christi, seiner Wahrheit und Heiligkeit. Hier setzt nun Schleiermacher den Hebel an, das christliche Ich gewinnt die Gewißheit der Realität seines Christus
aus seiner eigenen innersten Erfahrung. So bleibt es denn
von den Ergebnissen der Kritik wie den Sätzen der Philosophie gleich unberührt, auf sich selbst gestellt; denn die höchste
Norm für das religiöse Bewußtsein ist nicht, wie die Orthodoxen behaupteten, der starre Buchstabe der Schrift, nicht
mehr eine dogmatische Formel, wie das officielle Kirchenthum
annahm, noch auch ein Grundsatz des gesunden Menschen-
verstandes im Sinne des Rationalismus oder Kant's. Gesetzt, es gebe gar keine historischen Nachrichten
über Christus, so hat der Christ doch die Versicherung
dessen, was er war und was er wirkte, in sich selbst.
Denn im religiösen Gefühle sprudelt die Quelle, aus welcher
der Gläubige schöpft; die Aussagen unseres religiösen Bewußtseins werden daher von dem nicht getroffen, was die Kritik an
den herkömmlichen dogmatischen Vorstellungen auszusetzen hat,
da sie gar nicht in das Gebiet des religiösen Lebens gehören,
sondern der Geschichte und Metaphysik zu überweisen sind.

So bildet denn den Ausgangspunkt der Dogmatik Schleiermacher's das religiöse Gefühl, von wo aus er nicht bloß
das Christenthum in neuer, verjüngter Gestalt wieder herzustellen gedenkt, sondern auch wieder aufzubauen unternimmt,
was die Kritik zerstört hatte. Die Religion ist ihm eine
primitive Kraft, vor allem Denken und Thun; ihre Wohn-

---

[1] Strauß a. a. O. S. 180.

stätte hat sie im innersten Lebensgrunde des Menschen, dem
Gefühle der schlechthinigen Abhängigkeit. So gehört ihr eine
eigene und zwar die edelste Region des Seelenlebens an;
von hier heraus schafft sie sich ihre Dogmatik, statt daß
sie ein Product dieser wäre. Darum steht sie nicht nur im
Bunde mit dem freiesten Geistesleben, sondern dieses wurzelt
mit all' seinen herrlichen Blüthen in ihr, die im tiefsten
Grunde des Gemüthes wohnt. Allerdings bildet auf solche
Weise die Theologie sich nicht aus zu einer Wissenschaft
von Gott und den göttlichen Dingen, sondern nur zu einer
Beschreibung eben dieser subjectiv-religiösen Zustände und
Bestimmtheiten, so daß jeder Zusammenstoß mit der Philosophie vermieden wird, welche uns lehren will, was Gott
an sich ist, da die Dogmatik doch nur mit ihren Aussagen
die Art und Weise darstellen will, wie wir unser
Abhängigkeitsgefühl auf ihn beziehen[1]. So be-
kommt Schleiermacher einen religiösen Inhalt, der als Gegenstand des Gefühles jeder schärferen Bestimmung sich entzieht,
und daher in jene Form gegossen werden kann, welche an-
nähernd den Forderungen der Wissenschaft sowohl wie des
positiven Glaubens genügt.

So ward er denn viel begrüßt als der Erretter von dem
unerträglichen Joch der ‚massiven Gläubigkeit‘ und der ‚Geistes-
marter‘ des starren Orthodoxismus ebenso, wie aus der trost-
losen, ideenarmen Oede des Rationalismus. Als seinen wichtigsten Beruf erkannte er nun in seiner Dogmatik die Herstellung
eines Christusbildes, trotz Kritik und Spinozismus, wie es die
Wissenschaft fordert und der Gläubige verehren kann, zumal
wenn der Gedanke in biblische Ausdrücke und in den Sprach-
gebrauch der Kirche gekleidet ist. Wäre diese That ihm wahrhaft gelungen, dann hätte er fürwahr einen höheren Namen
sich erworben, als ihn Luther für seine Gemeinschaft besitzt.

---

[1] Schleiermacher, Glaubenslehre. § 50.

Wie komme ich nun zu Christus? Als Glied der christlichen Gemeinde — dieß ist der Ausgangspunkt der Christologie Schleiermacher's — bin ich mir der Aufhebung meiner Sündhaftigkeit und der Mittheilung schlechthiniger Vollkommenheit bewußt, d. h. ich fühle in dieser Gemeinschaft die Einflüsse eines sündlosen und vollkommenen Princips auf mich. Diese Einflüsse nun können von der christlichen Gemeinschaft nicht in der Art ausgehen, daß die Wechselwirkung ihrer Mitglieder sie hervorbrächte; denn in einem jeden von diesen ist Sünde und Unvollkommenheit gesetzt, und das Zusammenwirken von Unreinen hat nie etwas Reines zum Resultat gehabt. Ich kann sie aber noch weniger aus mir selbst erklären, weil von mir aus jener Zusammenklang des niederen Selbstbewußtseins mit dem höheren nur erschwert wird; aber sie stammen auch nicht von einem außerhalb dieser Gemeinschaft Stehenden, vielmehr werden sie außerhalb dieser gar nicht gefunden. Daher können sie nur von dem Stifter dieser Gemeinschaft ausgehen, der eben durch diesen Einfluß auch ihr beständiges Haupt bleibt. Der Rationalismus hatte von Christus nichts übrig gelassen als einen Religionsstifter und ein sittliches Vorbild; aber dann kann auch ein Anderer nach ihm kommen und wir können ihn vergessen. Nach Schleiermacher dagegen beruht das, was Christus uns leistet, ganz und gar auf dem, was er gewesen ist; die Lehre von seinem Werke und von seiner Person bildet denselben Inhalt, nur das eine Mal als Sein in ihm, das andere Mal als Wirken auf uns angeschaut, beide stehen und fallen miteinander.

Geht nun von Christus schlechthinige Förderung des religiösen Lebens aus, so muß, vermöge der nothwendigen Gleichheit zwischen Ursache und Wirkung, das religiöse Leben in ihm ein schlechthin gefördertes, vollkommenes gewesen sein. Da aber die natürliche Zeugung nur Unvollkommenes erzeugt, so muß bei Christus die übernatürliche Causalität Gottes durch die natürlichen Factoren, welche unangetastet

4**

bleiben, wirken. Und da das Gottesbewußtsein ungetrübt
und ungestört in dem Menschen Jesus wirkte, was hindert,
ein Sein Gottes in ihm in Form des Bewußtseins auszusprechen? Auch sein Gottesbewußtsein entfaltete sich zwar
nur allmählich, weil in menschlicher Weise; aber die Entwicklung der unteren Seelenkräfte sprang in ihm der Entfaltung
der höheren nie vor, so daß die Macht der letzteren über die
ersteren immer dieselbe schlechthinige, er hiemit wesentlich
ohne Sünde war. Seine Wunder sind zwar nicht als
schlechthin übernatürlich festzuhalten, noch auch als Beweise
für die Wahrheit seiner Religion zu benützen; aber es stimmt
doch trefflich, daß von dem, der die Geister so tief erregte,
eigenthümliche Wirkungen auch auf die leibliche Seite der
menschlichen Natur ausgegangen sind. Seine Auferstehung
und Himmelfahrt sind dogmatisch nicht gefordert. So ist
Christus Prophet, Priester und Opfer, indem er in die Gemeinschaft des sündigen Lebens der Menschheit trat, um uns
in die Gemeinschaft seines sündlosen und seligen Lebens aufzunehmen, König als Haupt dieser Gemeinschaft. So ist in
ihm das Urbildliche geschichtlich geworden, jedes
seiner geschichtlichen Momente trägt das Urbildliche in sich;
dieß der Sinn der kirchlichen Formel von der hypostatischen
Vereinigung [1]. —

Dieß der kurze Inhalt der ‚epochemachenden‘ Dogmatik
und besonders der Christologie Schleiermacher's, von der gesagt wurde, daß ‚ihr aus den letzten drei Jahrhunderten
nichts, aus der Zeit der Reformation nur Calvin's „Institutionen" zur Seite gestellt werden kann‘ [2]. Ein auch nur
oberflächlicher Blick belehrt uns, daß, was er bietet, nichts
weniger als christlich ist, und die Construction seines Systems
jeden Haltes entbehrt.

---

[1] Glaubenslehre. II. § 92. 104. Strauß, Glaubenslehre. II.
S. 179 ff.

[2] K. Schwarz a. a. O. S. 38.

Woher weiß denn Schleiermacher, wenn er von dem positiven Dogma absieht, daß diese Förderung seiner Frömmigkeit nicht von ihm selbst ausgeht; daß er von vornherein zu jedem Guten unfähig, es von Außen her empfangen muß? Kann er dieß auf rein psychologischem Wege entwickeln? Aber auch wenn er alles Gute, das er in sich findet, von einem Anderen ableitet, warum soll dieser Andere schlechthin vollkommen sein, da ja die unvollkommene Wirkung in mir eine bloß relativ vollkommenere Güte in der Ursache fordert? Und gesetzt, sie war vollkommen in Christus, der darum ohne Irrthum und Sünde sich entwickelte, wie kann ein Irrthums- und Sündloser aus einem sündigen Geschlecht hervorgehen? Und doch soll dieß ein Vorgang sein, der die wunderbare Geburt Jesu nicht voraussetzt und die Auferstehung auch nicht zur Folge hat; den Glauben an letztere hatte Schleiermacher mit den Rationalisten aus dem Erwachen Jesu vom Scheintode erklärt. So fällt die gesammte Christologie, die ja nur auf den Thatsachen der inneren christlichen Erfahrung ruht und von ihr mit Nothwendigkeit entwickelt wird.

Die Vermittlungstheologie, bald mehr nach der Rechten, bald nach der Linken sich neigend, nährte sich mit den Ideen Schleiermacher's. Von ihm hatte man eine ‚tiefere‘ Erfassung der Dogmen gelernt; die Lehre vom Gefühl wurde der Dogmatik zu Grunde gelegt, und so aus dem christlichen Bewußtsein mehr oder weniger im Anschlusse an die Kirchenlehre das System des Glaubens entwickelt. In der Christologie ging von Schleiermacher der Anstoß aus, Christum als den ‚Idealmenschen‘, die ‚Menschheitskrone‘ anzusehen; in letzterer Vorstellung sollte die Lehre vom Gottmenschen eine speculative Begründung finden. Dorner[1] stellte als Ergebniß der christologischen Entwicklung dieß hin: Die Einheit der mensch-

---

[1] Entwicklungsgeschichte der Lehre von der Person Christi. IV. 1198.

lichen und göttlichen Natur in Christo sei keine von Anfang an fertige, sondern eine werdende gewesen, das Resultat, nicht der Anfang von Jesu religiöser Entwicklung, er selbst, der Urmensch, ein Wesen, das ‚aller menschlichen Individua= litäten Urbilder in sich sammelt‘ — eine unhaltbare Ver= quickung Schleiermacher’scher und Hegel’scher Ideen mit den Sätzen des christlichen Glaubens.

Nach Liebner[1] ist Christus ‚die Zusammenfassung des ganzen gegliederten Systems der natürlichen Gaben der Mensch= heit‘, daher seine ‚Naturallseitigkeit‘. Nach Hase[2] ist Jesus der Idealmensch, der Mensch von urbildlicher Vollkommen= heit; ähnlich Rothe, Lange, Schenkel. Nach Bey= schlag[3] besteht die Präexistenz Christi in nichts Anderem als in dem ewigen Sein des Welturbildes in Gott, das in Jesus von Nazareth sich verwirklicht.

Die Vermittlungstheologie krankt eben an dem unheilbaren Uebel, daß sie, statt die sachlichen und principiellen Gegen= sätze auszugleichen, diese bestehen läßt, und nur im Subject die verschiedenen, nicht selten sich bekämpfenden Richtungen zusammenfaßt. Nur für die oberflächliche Betrachtung kann sie ein Genügen bieten mit ihrem unerschöpflichen Reichthum an Phrasen, ihrem milden versöhnlichen Ton, ihrer Form= gewandtheit bei aller Armuth an körnigem Gehalt. Sie adoptirt die Sprache Schelling=Hegel’scher Philosophie, meint aber schüchtern doch etwas Anderes damit, als jene gemeint hatten; spricht von organischer Entwicklung der Menschheit und will doch das Uebernatürliche in Christi Leben festhalten; von einem stetigen Walten Gottes in der Natur, das aber doch wieder als Wunder gefaßt werden soll — in der That eine ‚Schwebetheologie‘.

In einer neuen Wendung sucht Fr. Frank[4] den christ=

---

[1] Dogmatik. 1849.　　[2] Leben Jesu. § 12 ff.

[3] Die Christologie des N. Test. 1866.

[4] System der christlichen Gewißheit. 1870—73.

lichen Glauben zu begründen, indem er gleichfalls wie Schleier=
macher und die Pietisten auf die Thatsache des religiösen,
des christlichen Bewußtseins zurückgeht. Wir haben bereits
früher sein Verwerfungsurtheil vernommen, das er über den
Ausgangspunkt der Orthodoxie, die Schrift, gefällt hat.
Seinen Grundgedanken hebt anerkennend ein gläubiger Theologe
hervor [1]. Den Vätern der Reformation, heißt es, war
nicht die Schrift der Ausgangspunkt für ihren Glauben,
sondern die innere Erfahrung, jenes ureigene Erlebniß, ‚daß
allein durch den Glauben der Sünder gerecht wird‘. Von
da aus erst, wird uns gesagt, sind sie zur Verwerfung der
Autorität der Concile, der Autorität des Papstes, zum For=
malprincip vorgedrungen, und ihre Schuld war es nicht,
wenn eine spätere Zeit der Orthodoxie und des Orthodoxis=
mus ‚lediglich das Formalprincip ritt‘, und das Material=
princip nicht als persönliche Erfahrung der Rechtfertigung,
sondern eigentlich nur als Dogma für sich behielt. In diesen
Mangel setzt nun das Verdienst Frank's ein; in seinem
System der christlichen Gewißheit greift er mit einer Klar=
heit, ‚wie seit Luther kein Theologe‘, zurück auf jenen
Ausgangspunkt der Reformation, und zeigt diesen, nämlich
die persönliche Erfahrung des Christen, die in Wiedergeburt
und Bekehrung vollendete Thatsache der Rechtfertigung des
Sünders, als den letzten Grund der christlichen Gewißheit
auf, von welchem sich nun die wesentlichen Objecte des christ=
lichen Glaubens herleiten lassen.

Wie Frank erklärt Dr. Carlblom [2], die lutherische
Glaubensgewißheit, welche sich auf Gottes Verbürgung der christ=
lichen Wahrheit in dem Worte der heiligen Schrift und der
Kraft des von ihr ausgehenden testimonii Spiritus sancti
gründet, hätte vormals ein gewisses Recht für sich gehabt, da

---

[1] ‚Beweis des Glaubens.‘ XVI. S. 351.

[2] Dorpater Zeitschrift für Theologie und Kirche. N. F. II.
S. 365 ff.

der Glaube an die heilige Schrift und ehrfurchtsvolle Pietät
gegen sie den Charakter des gemeinblichen und theologischen
Zeitbewußtseins bildete. „Heutzutage dagegen gibt es kein
so geartetes Zeitbewußtsein mehr. Wenn man jetzt ohne
Weiteres auf die Autorität des inspirirten Wortes Gottes
und des dadurch bewirkten Zeugnisses des heiligen Geistes die
Glaubensgewißheit gründen wollte, so befände man sich in
der schon von Daub bemerkten Selbsttäuschung des Super=
naturalismus, der nicht sieht, daß für die Giltigkeit seiner
Gründe und Beweise der Glaube schon vorausgesetzt
wird, den er doch erst hervorbringen will. Auch die fa=
cultas semet ipsam interpretandi hat das geschriebene
Wort nur einem geistlichen Sinne gegenüber, sonst aber nicht.
Das sieht man ja deutlich an der Exegese der Rationalisten,
Pantheisten, Protestantenvereinler, Freikirchler u. s. w., deren
Commentare und Auslegungen den Sinn der geschriebenen
Worte oft in sein Gegentheil verkehren. Behaupten nun sich
selbst vorzugsweise für rechtgläubig haltende Gegner der
Gründung der christlichen Gewißheit auf die geistliche Er=
fahrung, man gründe damit die Gewißheit auf's Ungewisse,
weil Subjective; nur das objective Wort Gottes sei Grund
der Gewißheit: so sieht man zugleich, daß diese Rechtgläubi=
gen unterlassen haben, hinzuzufügen, nur das richtig ver=
standene und ausgelegte Wort Gottes begründe die
Gewißheit, nicht aber eben dieses Wort in seinem zunächst
noch unverstandenen, unmittelbaren Dasein. Ver=
stehen und Auslegen des geschriebenen Wortes aber ist eben=
falls eine subjective Thätigkeit, die, mit ungeistlichem, d. i. er=
fahrungslosem Sinne betrieben, ihr Ziel, der Heilswahrheit
gemäßes Verstehen und Auslegen zu erzeugen, gänzlich ver=
fehlt.' Darum, wird weiter geschlossen, muß die rechtgläubige
Ansicht zur Erfahrung zurückkehren, wenn sie überhaupt will,
daß in der christlichen Kirche ein Heilsverständniß gewonnen
wird.' — Also hatten die Katholischen doch Recht, wenn sie das

Schriftprincip als ‚unica regula et norma‘ seit Beginn der Reformation verwarfen! Doch sehen wir zu, was auf diesem neuen Wege erreicht wird.

Welches ist die ‚sonderlich sittliche Erfahrung‘ des Christen, auf welche sich seine Gewißheit gründet? Der Christ erkennt, daß er in einem Zustande des Werdens sich befindet; er ist sich einer zweifachen Willensrichtung bewußt, eines doppelten Ich, von denen das eine das andere bekämpft; er erkennt in sich ein neues, sozusagen ein jüngeres Ich, das ihn beherrscht und mit dem alten stets im Kampfe liegt, ja er könnte dieses neue Ich nicht aufgeben, ohne fürchten zu müssen, daß er sich selbst verlöre, und es scheint ihm vielmehr jede Willensbethätigung des alten Ich gegenüber dem neuen als eine Verletzung seiner selbst, als Fall, als Sünde. Mit diesem Zustand des durch Kampf und Sieg fortgesetzten Werdens ist er sich zugleich aber dessen bewußt, daß derselbe nicht aus dem früheren Ich, nicht von ihm selbst kann ausgegangen sein; dem Werdeproceß muß ein Gewordensein, eine Art sittlicher Revolution zu Grunde liegen, die durch Impulse von Außen her bewirkt worden sein muß, ja das neue Ich könnte keinen Augenblick seines Lebens sicher sein, wenn jene Impulse aufhörten. Die kirchlichen Namen für diese erfahrene Umwandlung sind ‚Wiedergeburt und Bekehrung‘, mit welchen zwei verschiedene Seiten eines und desselben Erlebnisses bezeichnet werden: Wiedergeburt ist die Setzung des neuen Ich, und Bekehrung die Hinwendung zu den Factoren dieser Setzung, und ob auch der Eintritt beider auseinanderfalle, so ist doch erst in ihrem Vorhandensein die sittliche Umwandlung begründet, d. h. der Lebensbestand des Christen ist wirklich nur vorhanden in Wiedergeburt und Bekehrung zusammen.

Auf die Frage nun, wodurch denn die aus dieser Erfahrung entsprungene Gewißheit sich uns als eine objective, keine bloß subjective, verbürgt, weist Frank weder auf

das Wort der Schrift, noch auf die Gemeinschaft des Glau=
bens in der Kirche hin, sondern zunächst auf das unmittel=
bare Gefühl, das ihm die Realität dieser Vorgänge ver=
gewissert, sodann besonders darauf, daß das in der Wieder=
geburt Gewonnene dem sittlichen Bedarf congruent und
eine totale, absolute sittliche Befriedigung eingetreten ist. So
ruht die christliche Gewißheit auf sich selbst, erhalten wir eine
‚Autonomie des christlichen Subjects als Garantie der Wahrheit,
welche schlechthin auf Theonomie oder Theogenesie sich gründet,
ohne doch den Vollzug der Vergewisserung anderswohin zu
verlegen, als in die autonome Selbstentscheidung des Subjects‘ [1].
So ruht der Glaube nicht auf äußerlichen Autoritäten, son=
dern auf dem, was mein Ich erfahren hat, was ich weiß.

‚Diese centrale, in sich selbst beruhende Gewißheit nun
steht in unlösbarer Beziehung zu dem Complex der Glaubens=
objecte, welche die christliche Wahrheit constituiren, und nach
dem Maße, als dieselben von jener centralen Gewißheit mit
befaßt sind, ist das christliche Subject ihrer als der Wahrheit
versichert.‘ [2]   Diese Objecte der christlichen Wahrheit sind
theils immanente, theils transscendente, theils transeunte; die
ersten schließen in sich die Erfahrung der Sünde und der
Rechtfertigung, wobei das Subject nicht aus sich herauszu=
gehen hat; die zweiten begreifen jene Factoren in sich, welche,
jenseits des Subjects gelegen, die Thatsachen der Erfahrung
in diesem wirken: Gott den Einen und Dreieinen, Christi Per=
son und Werk; die letzten bilden jene creatürlichen Realitä=
ten, welche die Verbindungslinien bilden zwischen den trans=
scendenten Factoren und dem immanenten Thatbestand des
christlichen Bewußtseins — Kirche, Wort Gottes, Wunder,
Offenbarung, Inspiration.

Mit dieser Darstellung scheint nun ein Zweifaches ge=
wonnen zu sein. Der Glaube des Christen weist jede Au=

---

[1] Frank a. a. O. S. 125.   [2] A. a. O. S. 161.

torität außer sich ab, auf die er sich zu berufen hätte; in
sich selbst, in der Erfahrung seiner Wiedergeburt und den damit zugleich gegebenen Factoren ruhend, hat er ein ὅς μοι
ποῦ στῶ, von dem aus er die gesammte Welt des Glaubens
aufbaut; er selbst ist Ausgangspunkt und oberste Instanz
seines Glaubens; er selbst zeugt für die Wahrheit dessen,
was er glaubt, und der heilige Geist mit ihm (Röm. 8, 16).
Dieser Standpunkt aber ist außerdem ein unüberwindlicher,
da jede Bekämpfung desselben auf einer falschen Voraussetzung
beruht; sie kennt eben diese Erfahrung selbst nicht, die nur
der kennt, dem sie geworden ist (Joh. 3, 11); sie bekämpft
die Sätze einer geistlichen Erkenntniß, für welche nur der
Wiedergeborene Sinn und Verständniß haben kann.

Es ist hier nicht der Ort, eingehend auf den gänzlichen
Abfall von den Grundsätzen der Reformation hinzuweisen,
welcher hier erscheint. ‚Es läßt sich,‘ bemerkt E. Rupprecht[1],
‚sowohl in der Entwicklung seiner (Luther's) Persönlichkeit
als in der seines Werkes nachweisen, daß die beiden einwohnende Triebkraft nicht bloß „subjectiver Glaube“ war,
sondern der in dem objectiven „Buchstaben“ des göttlichen Schriftwortes und den in demselben gesetzten göttlichen
Ordnungen gebundene Glaube. ‚Γέγραπται! das war seine
Parole. Sein Glaube hatte sein ihn tragendes Fundament
in dem Buchstaben der Schrift.‘ Wir wollen auch nicht her-
vorheben, daß der Weg, um zur christlichen Gewißheit zu
gelangen, von den Tagen der Apostel an nichts weniger als
der war, daß das Ich den Gesammtinhalt seines Glaubens
aus sich herausspann, um so allmählich zur Gewißheit des
Wortes Gottes und sämmtlicher Artikel des lutherischen
Bekenntnisses zu gelangen, daß vielmehr Glaube, Bekehrung und Rechtfertigung vom Hören kommt, das Hören

---

[1] Erlanger Zeitschrift für Protestantismus und Kirche. N. F.
LXVII. S. 65.

aber vom Worte Gottes, das wir als solches aufnehmen,
das Wort Gottes aber von der Predigt dessen, der rechtmäßig
gesendet ist[1]. Wir wollen endlich absehen von den unklaren
Bestimmungen bezüglich des Wesens dieser Gewißheit, welche
uns zu sehr an Schleiermacher's Ausgangspunkt, das Gefühl,
erinnert, von dem Rosenkranz[2] einmal sagt, daß es zu
jenen Zauberwörtern gehört, die sich da einstellen, wo es an
Begriffen fehlt; daß eben darum der Kreis der Subjectivität, welcher der Verfasser zu entgehen sucht, nicht durchbrochen
wird, eine Gefahr, welche dem Protestantismus gleich bei
seinem Entstehen von den Wiedertäufern her drohte, und von
seinen Principien aus auch gar nicht überwunden werden
kann. Wie ist es überhaupt möglich, von der Gewißheit,
welche die Wiedergeburt mit sich führt, und die zunächst nur
von dieser selbst Zeugniß gibt, das Gesammtgebiet des christlichen Glaubens, wenn auch nur ‚phänomenologisch‘, zur Darstellung zu bringen? So wenig, als es Schleiermacher gelungen ist, und noch weniger als jenem, da dieser gegen einen
großen Theil der dogmatischen Lehren sich gleichgiltig verhielt.
Immer empfangen wir den Eindruck, als würden die zu ent-
wickelnden Glaubensobjecte erst in das gläubige Bewußtsein
hineingelegt, um sie dann mittelst ‚logischer Operationen‘ wieder von da herauszuziehen.

So ist vor Allem die Darlegung der Gewißheit von
Gott dem Einen und Dreieinen ohne jede objective Beweis-
kraft. Sie bedarf es eigentlich nach Frank nicht; denn
der Gläubige, der diese Erfahrung in sich trägt, hat eine
Gewißheit von Gott, dem absoluten und persönlichen Wesen,
von dem allein das ‚neue geistliche Ich‘ hergestellt werden
kann; denen, die außerhalb dieses Kreises der Wiedergeborenen
stehen, soll die Dogmatik nicht und kann die Apologetik nicht
das Dasein Gottes beweisen. ‚Die Kinder dagegen wissen

---

[1] Röm. 10, 14 ff.   [2] Psychologie. 2. Aufl. S. 437.

sich als solche um des Vaters willen; der Vater ist ihnen
gewiß, so gewiß als die Kindschaft, und diese Kindschaft ist
gegeben in der Erfahrung der Wiedergeburt'[1] . . . ‚Wen
das Tageslicht umleuchtet, der wird nicht um dessentwillen
daran zweifeln, oder es für eine nur subjectiv feststehende
Thatsache erachten, weil er nicht im Stande ist, dem Blinden
jenes Leuchten zu demonstriren; und wem das Auge geöffnet
worden ist durch die Wiedergeburt zur Gotteserfahrung und
Gotteserkenntniß, der wird das Beweisverfahren, durch welches
er dessen vergewissert worden ist, nicht darum für objectiv
unzureichend ansehen, weil die Augen anderer Weniger oder
Vieler noch verschlossen sind . . . Diese Gewißheit ist für den
Christen vorhanden, gleichwie für das Kind, das an der
Mutter Brust liegt, die Mutter vorhanden ist.'[2] So treibt
es den Christen zur Anerkennung eines persönlichen Absoluten
fort, während ‚der natürliche Mensch bei allem Abhängig-
keitsbewußtsein in Hinsicht auf sein empfangenes und fort und
fort menschliches Dasein entweder über den Kreis der endlichen
Factoren nicht hinauskommt, oder, wenn er auch zur Setzung
eines Transscendenten und Absoluten fortgetrieben wird, so
doch die Persönlichkeit desselben nicht findet oder läugnet.'

Diese Begründung des Gottesbewußtseins im Selbstbewußtsein des wiedergeborenen Christen wurde vom Standpunkte der
lutherischen Rechtfertigungslehre selbst aus durch J. A. Dor-

---

[1] A. a. O. I. S. 300.

[2] A. a. O. S. 286. Die hier angeführten Bilder zur Darstellung
der unmittelbaren Gewißheit erinnern unwillkürlich an Calvin. Das
letzte auch bei Twesten (Dogmatik. I. S. 393). Aehnlich auch Geß
(Apologet. Beiträge. 1863. S. 24), Rothe (Zur Dogmatik. S. 153).
Dagegen will zur Prüfung der Erfahrung Philippi (Glaubenslehre. I. S. 100) die Uebereinstimmung der äußeren Bürgschaft der Geschichte, Hengstenberg (Evangel. Kirchenzeitung.
1867. S. 434) will sie prüfen an dem Bekenntniß, v. Hofmann
(Die heiligen Schriften des N. Test., untersucht. S. 1—56) an der
Erfahrung der Kirche.

ner[4] verworfen. ‚Wenn nicht Gott das neue Leben und
Heilsbewußtsein wirkte, so wäre es nur Schein und Einbil=
dung, und wenn nicht Gott das Wissen wirkte, daß das Heil
und Heilsbewußtsein sein Werk ist, so hätte dieses keine ob=
jective Sicherheit . . . Zuerst erfahren wir den Gnadenblick
Gottes, der sich uns als Vater in Christo erweist, und nun
rufen wir: Abba! . . . und wissen uns als seine Kinder.
Das ist das logische und objective Verhältniß.‘ Wer das
sechste Kapitel der sechsten Sitzung des Concils von Trient
nur einmal gelesen hat, wird das ὕστερον πρότερον in der
Darstellung Frank's genugsam erkennen. Noch schwächer als
diese Deduction des einen persönlichen Gottes aus der Er=
fahrung ist jene der Trinität auf Grund der Thatsache der
Wiedergeburt. ‚Der Einheitlichkeit der Wirkung,‘ heißt es[2],
‚in der Thatsache der sittlichen Umwandlung des Christen
entsprach die Einheitlichkeit des Factors des transscendenten,
absoluten, persönlichen Gottes, dessen der Christ in jener Wir=
kung inne wird. Aber da jene Thatsache in sich selbst,
wie wir gesehen haben, eine mannigfaltige ist inmitten ihrer
Einheit, so kann diese Mannigfaltigkeit nur erfahren und be=
griffen werden auf Grund einer entsprechenden mehrfachen
Einwirkung des Factors unbeschadet seiner Einheit. Der
Factor ist nach der Erfahrung des Christen ein anderer, so=
ferne er das Sünden= und Schuldbewußtsein bedingt; ein
anderer, soferne das Verhältniß der Schuldfreiheit auf ihn
zurückgeführt werden muß; ein anderer, insoferne das Sub=
ject durch ihn sich in jenes Verhältniß hineinversetzt weiß:
und doch ist es der Eine, absolute, persönliche Gott, welchem
die Eine Wiedergeburt und Bekehrung, die dieß Alles in sich
befaßt, zu danken ist. Mithin wird der Christ durch seine
Wiedergeburt und die in ihr gesetzten immanenten Glaubens=
objecte zugleich Gottes als des Dreieinigen versichert.‘

[1] System der christlichen Glaubenslehre. 1879. S. 40 ff.
[2] A. a. O. S. 303.

Aber diese ganze Entwicklung ist, näher besehen, doch
nichts als ein Spiel mit Worten, wie auch ein Kritiker
Frank's[1] bemerkt hat. Es wird eben gespielt mit der Am=
phibolie, die in dem Wort ‚ein anderer‘ liegt. Das Dogma
der Kirche von dem realen Unterschied der Personen in
der Einheit der Natur ist durch solche Deductionen mit
nichten erwiesen, und wäre es erwiesen, dann wäre es
dieses nicht mehr. Denn auch die lutherische Lehre gibt
bekanntlich einen Unterschied der Personen in der Wirksam=
keit Gottes nach Außen nicht zu: opera ad extra sunt in-
divisa, quia tunc tres personae sunt simul et simul
operantur[2], gilt hier als Axiom, im Unterschiede von den
opera ad intra. Schöpfung, Erlösung und Heiligung wer=
den, dem τρόπος ὑπάρξεως entsprechend, den drei Personen
zugeschrieben, aber nur per appropriationem, so daß aus
ihrer Thätigkeit nach Außen ein Schluß auf das innergöttliche
trinitarische Leben dogmatisch gar nicht einmal zulässig ist.
Und wäre Alles dieß, so liegt es nicht in der Erfahrung
des religiösen Bewußtseins, welches die Wiedergeburt in sich
erlebt hat, daß Gott als ein persönlich Anderer in diesen
verschiedenen Momenten derselben sich kundgebe, sondern ‚es
ist dieß nur eine traditionell überkommene Vorstellung, die
man mit jenen Momenten in Beziehung setzt‘.

Nicht besser verhält es sich mit der Vergewisserung der
Realität des Gottmenschen aus der Thatsache der heilbrin=
genden Sühnung, welche der Lebensbestand des Wieder=
geborenen in sich vorfindet. Der Gedankengang ist dieser:
Wie die Sünde und Schuld als That der Menschheit, so ist
auch die Sühne eine menschlicherseits beschaffte; ein mensch=
liches Subject, das Gott dazu ausersehen, in dem Er die

---

[1] Studien und Kritiken. XLVII. S. 351.

[2] Luthardt a. a. O. S. 77. Twesten, Dogmatik. II. a
S. 264 ff.

Sühne wirkt, führt zur Gewißheit des gottmenschlichen Süh=
ners. Eben dadurch ist auch die Sündlosigkeit des mensch=
lichen Sühners, in welchem Gott als Subject diese Sühnung
für sich herstellte, mit seinem Charakter von selbst gegeben,
was die Erfahrung des Christen ausdrücklich bezeugt. Eben
darum, weil gottmenschlicher Sühner, muß sein Leben ein
den Tod obsiegendes sein, da seine von ihm geleistete Sühne
zur völligen Lebensgemeinschaft mit Gott zurückführt, daher
ein jedweder Hemmung und Beschränkung entnommenes Le=
ben die Frucht der vollbrachten Sühnung für ihn sein muß.
Aber dieses so verbürgte Leben des gottmenschlichen Sühners
ist nicht ein in sich beschlossenes, sondern ein Leben für den
Wiedergeborenen und die wiedergeborene und wieder zu ge=
bärende Menschheit; dieß ergibt sich nicht bloß aus der Be=
schaffenheit der Person, deren dieß Leben ist, an sich auf
dem Wege objectiver Schlußfolgerung, sondern aus der Er=
fahrungsgewißheit.

So wäre denn die gottmenschliche Würde Christi, seine
und unsere eigene Auferstehung aus der Erfahrung der Wie=
dergeburt und Bekehrung bewiesen. Bewiesen? Wenn, wie
wir gesehen haben, das göttliche Ternar nur durch Er=
schleichung, im Anschlusse an die anderswoher gewonnenen
Sätze des christlichen Glaubens, aus der Thatsache der Wie=
dergeburt seine Gewißheit empfängt, so gilt dieß in einem
noch viel höheren Maße bezüglich der Geheimnisse der Christo=
logie und Eschatologie. Nach der gemeinsamen Lehre der
Theologen besteht eben kein nothwendiger und aprioristischer
Connex zwischen der Sündenvergebung und dem stellvertreten=
den, genugthuenden Leiden und Tode eines menschgewordenen
Gottes, sondern es war letzteres die That des freiesten gött=
lichen Heilsrathschlusses, so daß von jener nicht auf dieses,
weder auf die Menschwerdung Christi, noch dessen Ver=
söhnungstod und Auferstehung und noch weniger auf unsere
eigene Auferstehung mit Gewißheit geschlossen werden kann.

Frank wollte durch diese seine Methode eine Brücke schlagen
von der Subjectivität zu den objectiven Realitäten des speculativen wie historischen Elementes, welche in der Schleiermacher'schen Schule nicht zu ihrem Rechte kommen können.
Aber der Hebel ist zu schwach, den er ansetzt, um von da
aus die Welt des Christenthums in den Horizont der religiösen Gewißheit zu heben, selbst wenn man die Modification
Ritschl's hinzunimmt, welcher der einseitigen Erfahrung
des Subjects jene der christlichen Gemeinschaft sub-
stituirt. ‚So wenig das Resultat der allgemein geschichtlichen
Betrachtung des Erlösers und anderer damit zusammenhän-
gender Erscheinungen für die religiöse Selbstgewißheit irre-
levant sein kann, so wenig vermag die letztere rein für sich
die historische Verbürgung ganz zu ersetzen, oder ohne Weiteres die Ergebnisse historischer Untersuchungen ungültig zu
machen. So wenig für das religiöse Selbstbewußtsein die
Metaphysik gleichgültig ist, so wenig kann auch ohne Weiteres der Anspruch einer derartigen Metaphysik auf Gültig-
keit allein durch die Thatsache der inneren Erfahrung be-
seitigt werden. Schon zum Behuf der Existenzfrage darf die
christliche Glaubenslehre sich der Auseinandersetzung mit Philosophie und Geschichte nicht entziehen . . . Die bloß innere
Erfahrung, so gewiß sie an sich sein mag, kann den Zweifel an der bloßen Subjectivität ihres Grundes
nicht ganz bannen. Je inniger Subject und Object anein-
ander geschlossen sind, desto leichter kann der Schein entstehen, als ob der Grund der Erfahrung im Subject a priori
schon eingeschlossen sei. Deßwegen drängt die Theologie fort
zur Betrachtung des geschichtlichen Grundes, und sucht auch
für diesen wieder einen eigenen Beweis.' [1] Die Bedingungen,
unter denen die christliche Erfahrung zu Stande kommt, sind

[1] H. Schmid, Das Verhältniß der christlichen Glaubenslehre zu
den anderen Aufgaben akad. Wissenschaft. 1881. S. 23.

eben ganz anderer Art, als jene, welche die exacten Wissenschaften zur Voraussetzung haben; wäre aber eine ähnliche
Methode der Beweisführung möglich, dann wäre der Begriff
des Glaubens selbst, der vom Hören kommt, aufgehoben.

Es hieße allerdings die Ueberlieferung der christlichen
Kirche verlassen, wollten wir der inneren Erfahrung, den
Wirkungen unseres Glaubens an Christus und das Christenthum gar keine Bedeutung zuerkennen. Hat doch der Herr
selbst darauf hingewiesen [1], und die Väter und Theologen betonen das Walten der Gnade, durch welche dem Einzelnen
die Harmonie der christlichen Geschichtsereignisse mit den
Thatsachen seines religiösen Innern so recht zum Bewußtsein kommt; doch sprechen sie diesem Beweise aus der Erfahrung nur eine große Wahrscheinlichkeit, keine entscheidende Gewißheit zu. Es ist nicht ganz unwahr, was
Kahnis [2] sagt: ,Der Christus in uns verbürgt den Christus
vor uns, den historischen Christus.‘ Aber diese Erfahrung
der Gnadenwirkungen kann nicht alleiniger Gewißheitsgrund
sein, da, weil subjectiv und individuell, aus ihr kein objectiver und allgemein gültiger Beweis entnommen werden kann.
Ja, gerade je lebhafter und mächtiger diese Wirkungen em-
pfunden werden, je mehr sie der Persönlichkeit des Christen
eigen sind, desto stärker ist wohl ihre Ueberzeugungskraft in
den Stunden, da die Seele, von den Wogen solcher Geistesströmung getragen, hochgemuthet nach Oben blickt; anders,
wenn geistige Oede und Verlassenheit eingetreten ist, und die
gegenwärtige Armuth, in der sie sich erkennt, so leicht zu
dem Gedanken versucht, ob nicht alles Frühere nur Täuschung erregter Gefühle gewesen sei. Mußte doch der Be-
gründer der neuen Rechtfertigungslehre an sich selbst zuerst
diese Erfahrung machen [3]. Da bedarf es einer anderen Ver-

---

[1] Joh. 7, 17. 1 Joh. 5, 6.　　[2] Dogmatik. I. S. 662.
[3] Vgl. A. Menzel, Neuere Gesch. der Deutschen. II. S. 427 ff.

gewisserung als jener, die das Ich allein dem Ich zu bieten
vermag. Es sind die großen Thatsachen der Geschichte,
es ist der „βεβαιότερος προφητικὸς λόγος"[1], und vor Allem
der Universalismus der Ueberzeugung in der Kirche, was
den Einzelnen hält und stützt und seinen Glauben ihm verbürgt. Außerdem, da die Offenbarung nicht an den Einzelnen bloß, gelöst von seinem Zusammenhange mit dem
Geschlechte, ergeht, sondern an dieses, an die gesammte
Menschheit, so soll eben auch die Vergewisserung derselben
nicht im Abyton des individuellen Seelenlebens und bloß für
dieses stattfinden, sondern für die Gesammtheit. Daher muß
sie von allgemein erfaßbarem und von objectivem Werthe
sein, wie die obersten Grundsätze des Ethos auf dem Gebiete
des natürlichen Lebens. Nur im ächten Ideal-Realismus
kann darum das Heil liegen, so im Natürlichen wie Ueber-
natürlichen. Das Innere soll nicht sein ohne das Aeußere,
das Aeußere nicht ohne das Innere; das Innere im Einklange mit dem Aeußeren, das Aeußere bestätigend das Innere.

A. Resch[2] spricht daher von der ‚dringend nothwendigen,
bereits von nicht wenigen competenten Stimmen geforderten
Befreiung des reformatorischen Materialprincips von dem
ihm angeborenen Subjectivismus, welcher anfangs zwar
die Stärke von Luther's reformatorischem Auftreten gewesen,
aber nachgerade die offenkundige Schwäche der nach
ihm sich nennenden Kirche und ein Element der Selbstauf-
lösung des Protestantismus geworden ist. Denn die Lehre
von der Rechtfertigung allein durch den Glauben, welche nur
in ihrer Eigenschaft als Hauptwaffe im reformatorischen
Kampfe als die principiell erste Lehre des Protestantismus
erschien, kann, wenn sie zum Alles beherrschenden Material-
principe der speculativ-dogmatischen Theologie erhoben werden
soll, eine derartige dominirende Stellung auf die Dauer nur

---

[1] 2 Petr. 1, 19.   [2] A. a. O. S. 23.

Oettinger, Krisis.   5

in dem Sinne behaupten, daß die evangelische Dogmatik als
wissenschaftliche Selbstaussage des christlichen Einzelbewußt=
seins sich entwickelt, aus welcher Fassung der kirchlichen Ob=
jectivität der evangelischen Dogmatik die schwersten Gefahren
drohen . . . Eine Dogmatik, welche sich lediglich als psycho=
logische oder religiöse Selbstaussage bietet, wird niemals im
Stande sein, das religiöse Bedürfniß der Menschheit auf die
Dauer zu befriedigen und die von dem frommen Gemüthe
geforderten Garantieen zu gewähren. Eine solche persönliche
Selbstaussage, welche wir nur bei der einen Persönlichkeit
Jesu als absolut gültig und in Folge dessen normativ für
die gesammte Menschheit anerkennen dürfen, würde, und
wäre sie von jedem Andern mit noch so großer Geisteskraft
und wissenschaftlicher Consequenz durchgeführt, nimmermehr
irgend welche dauernde und ernsthaft gemeinte Auctorität bei
den Zeitgenossen zu erobern fähig sein, da ein jeder Andere
sein beliebig anders geartetes religiöses Selbst=
bewußtsein, sobald er es nur wissenschaftlich auszugestalten
vermöchte, entgegenstellen kann. Wie denn selbst ein
Luther bei aller Mächtigkeit des in und aus seinem Herzen
strömenden Geisteslebens sicherlich eine kirchenbildende Wir=
kung nicht hinterlassen hätte, wenn er sein Glaubensbekennt=
niß lediglich als ein rein persönliches, nicht aber als die der
apostolischen und wahrhaft katholischen Kirche einwohnende
objective Wahrheit, als die aus der Quelle Jesu Christi ge=
flossene Lehre eines Paulus, eines Augustinus geltend zu
machen ebenso berechtigt als bestrebt gewesen wäre' . . . [1]. ‚Die
Entwicklung des gesammten evangelischen Glaubensgehaltes,‘
bemerkt er weiter, ‚aus dem religiösen Einzelbewußtsein des
dogmatischen Subjects heraus, so lange sie mit den kirchlichen
Dogmen wesentlich zusammenstimmt, würde entweder eine per=
sönliche Täuschung oder einen wissenschaftlichen Betrug in sich

---

[1] Ders. a. a. O. S. 130.

schließen, denn thatsächlich empfängt der Einzelne sein religiöses Bewußtsein, so lange er gläubig ist, durch die Vermittlung der Schrift und Kirche aus Jesu, als der befruchtenden Quelle seines Glaubens, nicht aber nude aus sich selbst. Oder aber das Ich des Menschen, welches heute noch mit einem von den Vätern ererbten Reichthume religiösen Gehaltes erfüllt sein kann, wird, einmal zum Alles beherrschenden Princip der Religiosität erhoben und fortan von keiner höheren Macht geleitet, in Kürze dieses früheren Reichthums sich entleeren und unversehens bei einem verschämten oder auch schamlosen Bankerott seines religiösen Lebens anlangen. Vestigia terrent.'[1]

Auch Ritschl in seinem großen Werke von der Rechtfertigung und Versöhnung[2] nennt die Erfahrung Luther's von Zerschmetterung des Gewissens durch das Gesetz und von der Gewissensberuhigung durch die Satisfaction Christi eine nur individuelle; die Geschichte der Kirche seit dreihundert Jahren spreche gegen die Allgemeingültigkeit derselben. Es müssen daher auch die Gläubigen unter den Theologen zugeben, daß, wenn Ritschl ‚von anderen Erfahrungen ausgeht', die Differenz wissenschaftlich sich nicht ausgleichen läßt[3].

So führt denn diese einseitige Betonung der Erfahrung nach der einen Richtung nothwendig zu dem falschen Spiritualismus der schwärmerischen und pseudomystischen Secten, nach der andern in den rationalistischen Idealismus, der die Geschichtsthatsachen des Christenthums entstellt oder läugnet, und den objectiven Heilsinstituten nur noch eine pädagogische oder symbolische Bedeutung läßt. Er erblickt das Wesen des Christenthums nur noch in ‚einem innerlich ethischen Erlösungs- und Versöhnungsproceß, wie sich derselbe in jedem einzelnen zu erlösenden Menschen wiederholen muß; von dem

---

[1] Ders. a. a. O. S. 131.   [2] III. S. 589; I. S. 599.
[3] Erlanger Zeitschrift für Protestantismus. LXVIII S. 274.

geschichtlichen Charakter der Offenbarung und dem ganzen
Werk Christi bleibt nur soviel, daß ‚Christus ohne Mitthei=
lung von anderen Menschen das hatte, was wir nur durch
die Vermittlung der christlichen Gemeinschaft, also in letzter
Instanz durch seine Vermittlung erlangen; nicht aber, daß in
ihm etwas specifisch Anderes gewesen wäre als das, was durch
seine Vermittlung in uns ist‘ [1]. Schleiermacher hatte Ursache,
sich zu beklagen über den ihm gemachten Vorwurf, daß sein
Christus kein historischer, sondern ein idealer sei; allerdings
hat er dieß so nicht gemeint, aber aus der Consequenz seines
Systems ergibt sich eben nur ein solcher, und ist auch nur
ein solcher möglich.

Da tritt nun von Neuem die Forderung an den mo=
dernen Protestantismus heran, einen Standpunkt ausfindig
zu machen, von dem aus es gelingt, nach Schleiermacher's
Wort das Historische und Ideale, den geschichtlichen
Christus und das Urbild der Erlösten ‚zusammenzu=
schauen‘. Kant hatte das Ideal in Christus hinein ver=
legt, als Vorbild moralischer Vollkommenheit; nur in dieser
Beziehung und deßwegen blicken wir zu ihm auf, um durch
ihn sittliche Förderung zu gewinnen. Christus ist eine jener
Idee entsprechende historische Erscheinung, freilich nur, inso=
weit die Erfahrung von ihm zeugen kann [2]. Es ist eine
Forderung der Vernunft, daß alle Menschen diesem Ideale
nachstreben sollen, nicht aber, daß wir an ihn glauben als
an Einen, der Gottmensch gewesen wäre, was ja für uns
gar keine sittliche Bedeutung haben könnte, ‚da man doch
nicht von uns verlangen kann, daß wir es einem Gotte
gleich thun sollen‘ [3]. Diese Idee der sittlichen Vollkommen=
heit hat vielmehr ihren Werth vollkommen in und durch sich

---

[1] Pfleiderer, Religionsphilosophie. 1. Aufl. S. 387.
[2] Religion innerhalb der Grenzen der reinen Vernunft. 2 Stück.
[3] Streit der Facultäten.

selbst, da sie schon in unserer Vernunft liegt. Da man aber nicht sagen kann, sie sei ihr selbst entstammt, so kann man dieß so ausdrücken, daß man sagt, dieselbe sei vom Himmel gekommen und habe die Menschheit angenommen, daß demnach der Sohn Gottes in solcher Weise sich selbst erniedrigt habe.

So wird Christus nur das Symbol der sittlichen Er= neuerung; der Untergang des alten Menschen im Leiden und Tod wird in der Lehre von seinem erlösenden Tode symbolisch dargestellt. Die Auferstehung und Himmelfahrt dagegen sind nur Bilder des Eingangs in den Sitz der Seligen, d. i. der Gemeinschaft der Guten.

Doch diese Kant'sche Idee der sittlichen Vollkommenheit ist ein bloßes Sollen, der keine Wirklichkeit entspricht, die daher sich selbst aufhebt. Da setzte nun die speculative Christologie ein.

IX. Die speculative Christologie.

Schelling und Hegel über die Menschwerdung Gottes. — Deutung dieses Satzes; sie ist eine Menschwerdung von Ewigkeit — A. Bie= dermann; sein Versuch, Princip und Idee zur Einheit zu ver= knüpfen. — Kritik. — A. Schweizer. — R. A. Lipsius; sein System. — Kritik. — Die speculative Christologie eine Leugnung des Christen= thums. — Gottes Persönlichkeit und die Unsterblichkeit der mensch= lichen Seele nach Biedermann und Lipsius. — Zusammenfassung.

Schon Schelling hatte zu Anfang dieses Jahrhunderts von einer ewigen Menschwerdung Gottes gesprochen, und den Indiern Recht gegeben, welche den Missionären, die ihnen von der Menschwerdung Gottes in Christo predigten, erwiderten, daß sei ihnen nichts Neues, und sie fänden nur dieß auf= fallend, daß nach jenen dieß nur einmal geschehen sei, wäh= rend es bei ihnen immerfort sich wiederhole[1]. Als Hegel

---

[1] Ueber die Methode des akadem. Studium. S. 190.

den Satz zum Fundament seiner Philosophie erhob: ‚Alles
Vernünftige ist wirklich‘, mußte die Einheit Gottes und des
Menschen, als eine Vernunftidee, auch wirklich sein. Die
Anwendung dieses Satzes auf die Menschwerdung ergab sich
von selbst; die Idee des Gottmenschen, verwirklicht in der
Person Jesu von Nazareth, schien durch diesen Ausspruch
philosophisches Vollbürgerrecht empfangen zu haben. Mar-
heinecke, Göschel, Conradi, Rosenkranz, Schal-
ler, Daub construirten auf Grund der Idee des Gottmenschen die Nothwendigkeit der Incarnation Gottes
in Jesu von Nazareth, sahen in diesem den Collectivmenschen,
die Realisirung der Menschheitsidee als Allpersönlichkeit u. s. f.
Göschel beruft sich für diese Vorstellung sogar auf Thomas
v. Aquin, der somit im neunzehnten Jahrhundert eigentlich
in Berlin zuerst wieder zu Ehren kam, den er aber leider
in höchst unglücklicher Weise erklärt und anwendet[1]. Doch
was der Meister behutsam verhüllt und nur den Adepten
in's Ohr geflüstert hatte, das verkündeten bald die Schüler
auf den Dächern. Diese Menschwerdung Gottes hatte Hegel
ganz anders gemeint, als die Theologen sie verstanden; auch
ihm ist sie eine Menschwerdung von Ewigkeit, welche die
beiden Momente des Göttlichen und Endlichen im Proceß
des menschlichen Selbstbewußtseins zur Einheit zusammenschließt, und daher nicht in einem Individuum, sondern in
der Gattung selbst sich fortwährend vollzieht. Jesus von
Nazareth hat für ihn nur die Bedeutung, daß von ihm der
Anstoß ausging, diese Idee in's Bewußtsein zu erheben, die
aber auf der Stufe der bloßen Vorstellung als in einem
concreten Individuum verwirklicht geschaut wurde. ‚Wie der
Gott des Plato,‘ sagt Strauß[2], ‚auf die Idee hinschauend
die Welt bildete, so hat der Gemeinde, indem sie, veran-

---

[1] Beiträge zur speculativen Philosophie von Gott und dem Menschen und von dem Gottmenschen. S. 139.

[2] Leben Jesu. II. S. 736.

läßt durch die Person und Schicksale Jesu, das Bild ihres Christus entwarf, unbewußt die Idee der Menschheit in ihrem Verhältniß zur Gottheit vorgeschwebt.' Indem nun der Geist, hiedurch angeregt, die Idee der mit Gott einigen Menschheit sich zum Bewußtsein bringt, ist der sinnliche, empirische Gegenstand ein geistiger und ewiger geworden; die sinnliche Geschichte wird zur absoluten, und versinkt wie ein Traumbild in die Vergangenheit, während die Idee in dem sich schlechthin gegenwärtigen Geiste fortlebt [1]. Die gesammte Linke der Schule Hegel's dachte pantheistisch; nur in die Gesammtheit, nicht in ein Individuum gießt die Idee ihre Fülle aus; die ganze Menschheit ist darum der Gottmensch.

So hat die speculative Theologie mit dem Satze Lessing's und Hegel's Ernst gemacht, daß ‚zufällige Geschichtswahrheiten nie nothwendige Vernunftwahrheiten werden können' [2]; was schon Schleiermacher [3] als Befürchtung ausgesprochen, daß bei der speculativen Ansicht für die geschichtliche Person des Erlösers nicht viel mehr als bei der ebionitischen übrig bleibe, war eingetreten. Die sinnliche Geschichte des Individuums, sagte Hegel, ist nur der Ausgangspunkt für den Geist; die Consequenz der Lehre von der Immanenz Gottes im Menschengeist ist die Selbsterlösung des Geschlechtes.

In neuester Zeit haben die Nachzügler der Speculation Hegel's noch einmal den Versuch unternommen, die Continuität einer wahrhaft speculativen Theologie mit dem positiven Christenthume nachzuweisen, den ‚Christus der Idee' mit dem ‚Christus der Geschichte', das ‚Princip' mit der ‚Person' in

---

[1] Hegel, Religionsphilos. II. S. 237.

[2] Lessing, WW. V. S. 80. Berl. 1825. Hegel, WW. VI. S. 348. Dieser Satz beweist eben, daß das Christenthum etwas mehr ist als ein System nothwendiger Vernunftwahrheiten.

[3] Zweites Sendschreiben.

einen innern Zusammenhang zu bringen. Sie wissen eben:
ohne Christus kein Christenthum.

So hebt denn, vielfach von Hegel's und Strauß' Gedanken bestimmt, A. Biedermann[1] den ‚fundamentalen Widerspruch in der kirchlichen Christologie‘ hervor, welcher nach
ihm darin wurzelt, ‚daß das christliche Princip mit der menschlichen Persönlichkeit, deren religiöses Leben seine Offenbarung
in der Geschichte ist, unmittelbar identificirt, daß daher ein
geistiges Princip als eine einzelne Person beschrieben wird,
wovon die mythologisirende Form des Dogma's die nothwendige Folge war‘ . . . ‚Hält man auf der Basis der Kirchenlehre, der Identification vom Princip des Christenthums
(als wirklicher Einigung von Gottheit und Menschheit) mit
der Person Jesu, an der Person fest, so kommt der Verstand
an der Hand der Geschichte zu dem Urtheil: Wenn jene biblische Form kurzweg die christliche Lehre sein soll, so ist die
Menschheit gegenwärtig thatsächlich über das
Christenthum und seine Lehre hinaus. Geht man
aber von der andern Seite aus, im Christenthume principiell die absolute religiöse Wahrheit anzuerkennen, und will
man doch die Basis der Kirchenlehre, die Identification des
Principiellen mit dem in Jesu Persönlichen festhalten, so wird
man dazu gezwungen, die Form, in der man sie selbst den-
kend kennen gelernt hat, in die Bibel hineinzutragen,
um sie wieder aus ihr herauszulesen, was, je größer
die zwischen inne liegende geschichtliche Vermittlung ist, einen
um so größeren Aufwand der Kunst des Ein- und Auslegens
und gegenseitigen Accommodirens erfordert. Wenn aber der
Verstand mit nüchternem Wahrheitssinn diese Künste als
historisch untreue Künsteleien erkennt, so muß er urtheilen:
Entweder, wenn die Voraussetzung der Kirchenlehre fest-
gehalten wird, daß als christliche Lehre nur gelten solle, was

---

[1] Christliche Dogmatik. 1869. S. 527.

Jesu persönliche Anschauung und Lehre gewesen, so ist die
Menschheit durch das Christenthum selbst über das Chri=
stenthum hinausgekommen; Oder jene Identification ist
eine dem religiösen Bewußtsein innerhalb einer positiven Re=
ligion zwar natürliche optische Selbsttäuschung, und dann
macht nur das religiöse Princip in der persönlichen Lehre
Jesu, nicht aber zugleich deren persönlicher Ausdruck die
christliche Wahrheit aus; diese ist größer als jede einzelne
Fixirung, sei's nun in ihrem historisch primitiven Ausdruck,
sei's nun in irgend einer Form der weiteren geschichtlichen
Entwicklung. Denn was vom historischen Standpunkt der
christlichen Offenbarung von Jesus gilt, das gilt natürlich
auch von jeder Erweiterung der persönlichen Offenbarung
Jesu auf die Lehre der Apostel, auf die Schrift, auf die je=
weilige Kirchenlehre. Der Verstand bleibt bei der Alternative:
Entweder wird die christliche Lehre historisch firirt — dann
liegt sie hinter der stets fortschreitenden Zeit zurück; Oder
die christliche Lehre ist Alles, was von religiöser Erkenntniß
in der historischen Entwicklung des Christenthums sich ent=
wickelt hat — dann ist in der Person Jesu, in der Schrift
nur das Princip, nicht aber die fertige Lehre der christ=
lichen Wahrheit gegeben.'

Hören wir nun, was er selbst auf dieses Entweder=Oder
antwortet: ‚Jesu persönliches Leben,' sagt er[1], ‚ist die erste
Selbstverwirklichung jenes Princips zu einer weltgeschichtlichen
Persönlichkeit gewesen, und diese Thatsache ist der Quell=
punkt der Wirksamkeit dieses Princips in der
Geschichte. Jesus ist als die historische Offen=
barung des Erlösungsprincips der historische Er=
löser.' Wie? Darum schon wäre er unser Erlöser, weil in
ihm die Idee der Einheit Gottes mit dem Menschen zum
ersten Male in's Bewußtsein getreten ist? Aber diese Idee

[1] A. a. O. S. 621.

allein ist es ja, die mich erlöst, nicht er, und ich kann sie
aufnehmen und so mein Selbsterlöser werden, gleichviel, was
ich von Christus halte, ob ich überhaupt nur ihn kenne.
Nicht einmal das ‚rettende Brett‘ ist er uns, das du, bist du
am Land, ‚wirfst in die Wellen zurück‘. Biedermann ist
hiemit nicht einen Schritt weiter über die ältere speculative
Christologie hinausgekommen; das Verhältniß der Person
Jesu zu diesem erlösenden Princip ist und bleibt ein äußer-
liches und accidentelles. Auch nicht das ‚welthistorisch
gewährleistende Vorbild oder Symbol für die Wirksamkeit
des Erlösungsprincips‘ kann er sein, da weder nach seiner
noch nach der Kirchenlehre ‚die Absolutheit des Geistes, die
im Selbstbewußtsein der Gotteskindschaft sich aufschließt, die
Offenbarung des Wesens des absoluten Geistes selbst ist‘.

Ebenso erklärt der speculative Dogmatiker A. Schweizer[1]: Davon kann nicht mehr die Rede sein, ‚daß Christus
die Erlösungsreligion von sich aus erst erzeugt, oder ihr die
Heilkraft für die Sünder erst leihe und in Gott oder seiner
Weltordnung eine Abänderung wirke; vielmehr trägt sie das
Heil in sich selbst gemäß der Natur der Dinge oder kraft
des ewigen Rathschlusses‘. Die Erlösungsreligion trägt nach
ihm ihre Kraft sowie ihr Bestimmtsein für uns Menschen
ewig in sich selbst, aber sie hat sich in Christo principiell
vollkommen geoffenbart, d. h. insofern in ihm die Liebe
Gottes ein höheres Ich constituirt, und so der ideale Christus mit dem geschichtlichen sich in ihm vereinigt
hat. Doch steht er darum nicht über uns, da ja ‚Jesus mit
seinen Jüngern das Vater unser betete‘, auch um Vergebung der Schuld, die sein ‚schärferes Auge‘[2] auch an sich
als der Vergebung bedürftig erblickte.

R. A. Lipsius[3], der sich vielfach mit Biedermann berührt,

---

[1] Christliche Glaubenslehre. II. 1. S. 30. 235.
[2] A. a. O. S. 19. 20.　　　[3] A. a. O. S. 447.

zugleich Schleiermacher und Kant seine Ideen entnimmt, er=
kennt die ganze Bedeutung dieser Frage nach dem Verhält=
nisse des religiösen Princips zu der religiösen Persönlichkeit
Jesu. Mit der Identificirung des religiösen Princips und
der geschichtlichen Person Jesu Christi war die Idealisirung
des Historischen und die Historisirung des Idealen gesetzt;
hiemit aber auch zugleich für den kritischen Verstand die Auf=
gabe ausgesprochen, diese Identificirung wieder auf=
zulösen und für die dogmatische Speculation Ideales und
Historisches in das richtige Verhältniß zu einander zu setzen,
beides im Denken zu unterscheiden, gleichzeitig aber die Noth=
wendigkeit für den Glauben darzuthun, ‚beides wieder zu=
sammen zu schauen‘.

Wie löst er nun diese Aufgabe? Die unmittelbare Iden=
tificirung des religiösen Princips des Christenthums mit
Christi Person und Werk ist nach ihm Doketismus; die
bloß zufällige und äußerliche Verbindung, als wäre Jesus
nur der zufällig erste Vertreter dieses Princips oder sein
Wirken nur der äußere Anlaß zur symbolischen Dar=
stellung der allgemeinen Wirksamkeit dieses Princips in der
Menschheit, Ebionitismus. Wenn man auch in ihm den
religiösen Lehrer sähe, dessen Bewußtsein die Gottessohnschaft
zuerst aufgegangen sei, so sei immerhin die bleibende Bedeu=
tung seiner Person nicht einzusehen; denn Lehre und äußeres
Werk sind lösbar von ihrem ersten Träger. Die bloße
Symbolisirung, bemerkt er weiter, der Idee in Jesu Person
lasse seine geschichtliche Bedeutung erst recht unerklärt; ‚dem
persönlichen Haupte der religiösen Gemeinde wird dann ein
abstract=unwirkliches Idealbild untergeschoben, das die Gemeinde
nur zufällig mit seiner Person in Verbindung setzt. Die
vermeintliche allgemein menschliche Wirksamkeit dieses Ideal=
bildes ist aber einfach eine Täuschung, möge dasselbe nun
wirklich als religiöses Ideal, oder nur als moralisches Ver=
nunftideal, als ästhetisches Ideal sittlicher Schönheit, als phi=

losophisches Ideal des Absoluten oder gar als ‚Menschheits=
ideal‘ überhaupt vorgestellt sein‘ [1]. Das älteste Christenthum ist
nach ihm überhaupt ja nicht verschieden von den Träumereien
der Gnosis. ‚Die Vorstellungsformen, in welchen die Apo=
logeten sich bewegen, sind eben so gut wie die gnostischen
Lehren von einer Aeonenwelt . . . christliche Mythologie,
die diesen Namen nicht weniger als die Phantasieen der
Gnostiker verdienen, wenn man sie auch später zum kirchlichen
Dogma gestempelt hat.‘ Der Unterschied liegt lediglich in
dem Verhältniß, welches sich diese christliche Mythendichtung
zum unmittelbaren frommen Bewußtsein der Gemeinde ge=
geben hat [2].

So verwirft Lipsius alle Vermittlungsversuche, die er bei
seinen Vorgängern findet, deren er aber nachträglich dennoch
selbst sich wieder bedient [3], um seine Dogmatik noch mit dem
Namen einer christlichen bezeichnen zu können. Was weiß er
nun an deren Stelle zu setzen? Wie verhält sich nach ihm
der Mythus des Christenthums zum religiösen Bewußtsein?
Der historische Christus ist und bleibt doch unser Erlöser,
wenn auch nicht unmittelbar, so doch mittelbar, durch
die von ihm gestiftete Kirche. Da nämlich, führt er
aus, in der christlichen Gemeinde das Reich Gottes als höchster
göttlicher Weltzweck offenbart und damit zugleich die gemein=
same Erhebung über alle endlichen und particulären Zwecke
in der Welt als höchster Zweck des gemeinsamen und indi=
viduellen Lebens erkannt ist, so begründet erst die Zuge=
hörigkeit zur Gemeinde die Möglichkeit für das Sub=
ject, im Bewußtsein seiner Gotteskindschaft sich zur Freiheit
über die Welt zu erheben, und in der dienenden Hingabe an
den universellen göttlichen Liebeszweck zugleich seinen eigenen

[1] A. a. O. S. 542.
[2] In Schenkel's Bibellexikon. II. Bb. u. d. W.
[3] Die Nachweise bei v. Hartmann, Die Krisis des Christen=
thums in der modernen Theologie. 1880. S. 23 ff.

persönlichen Lebenszweck zu erfüllen[1]. So kann und muß
zwar der subjective Heilsproceß in seinem allgemeinen psycho-
logischen Wesen sich auch abgesehen von dem geschichtlichen
beschreiben lassen, d. h unmittelbar erlöst der Mensch
sich selbst, indem er die ewige Heilsordnung mit Hülfe der
göttlichen Immanenz in seinem Geistesleben subjectiv verwirklicht; doch für die Glieder der christlichen Gemeinschaft kommt
dieselbe nur vermöge ihrer Zugehörigkeit zu der Gemeinde zu Stande. Die Gemeinde, von Christus gestiftet,
verkündet eben die Versöhnung und Erlösung,
und so wird dem Einzelnen die Objectivität des göttlichen
Gnadenwillens als eine geschichtliche Objectivität ent-
gegengebracht, und diesem wird dadurch eine Bürgschaft, daß
seine individuelle Heilserfahrung keine subjective Einbildung oder
Selbsttäuschung ist[2]. Er nimmt Antheil an der gemeinsamen religiösen Erfahrung, an der durch Christus
der Gemeinde geschichtlich vermittelten Versöhnung und Erlösung. Die subjective Heilsgewißheit ist demnach bedingt
durch ein ‚vorläufiges Vertrauen‘ in die Wahrheit der
von der Gemeinde in der Predigt des Evangeliums bezeugten
religiösen Erfahrung; ohne dieses Vertrauen wäre der individuelle Glaube der Einzelnen einfach Vermessenheit und subjective Einbildung. Denn die objectiv gültige Wahrheit der
Predigt des Evangeliums ruht nur auf dem Zeugniß
der Gemeinde, da das Schriftzeugniß nur die religiöse Erfahrung der ersten Jünger und Urge-
meinde bezeugt. —

Da hätten wir denn gerade den entgegengesetzten Weg,
der zur christlichen Gewißheit führt, als jener war, den
Frank vorgezeichnet hat. Dort führt der Gnadenstand des
geistlichen Ich zur geistlichen Gemeinschaft; hier die Erfahrung der Gemeinde zu der Gewißheit des eigenen Gnaden-

---

[1] A. a. O. S. 650. [2] A. a. O. S. 650.

standes. Dort ist es die so oft und viel gepriesene ‚Unmittel=
barkeit des Bandes zu Christo‘ in jedem Einzelnen; hier ist
es die Gemeinde, die zuerst mit Christo in Beziehung tritt,
und so geht im Werke Christi die Beziehung auf die Gemeinde
der Beziehung auf den Einzelnen voran. Schon A. Ritschl [1]
hatte diesen Gedanken ausgesprochen und sich dadurch den
Vorwurf katholisirender Tendenzen zugezogen, wie es auch
Lipsius begegnete. Doch auch diese Wendung finden wir
schon bei Schleiermacher, der von seinem pantheistischen Stand=
punkt aus die Kirche zu reconstruiren suchte. Durch die
Kirche vermittelt sich nach ihm alle Gnadenwirkung auf den
Einzelnen; denn sie ist die vom heiligen Geist beseelte Gemeinschaft der Wiedergeborenen, der heilige Geist selbst aber
ist ‚der Gemeingeist des von Christus gestifteten neuen Ge-
sammtlebens‘, die ‚Vereinigung des göttlichen Wesens mit der
menschlichen Natur in der Form des das Gesammtleben der
Gläubigen beseelenden Gesammtgeistes‘ [2]. Allerdings, indem so
die directe persönliche Beziehung des Einzelnen zu Christus
aufgehoben und die religiöse Gemeinschaft oder genauer die
geschichtliche Continuität des Christenthums bis zur Gegen=
wart als Mittler zwischen ihm und uns eingeschoben wird,
empfängt die Kirche eine Stellung, welche katholischerseits ihr
immer vindicirt, vom Protestantismus aber als das πρῶτον
ψεῦδος der Römischen und aller katholisirenden Tendenzen
von Anfang an bezeichnet und auf's Heftigste bekämpft wurde [3].
    Aber auch dieses Auskunftsmittel, das Christenthum zu
retten, erweist sich als ungenügend. Denn alle Voraus=
setzungen Lipsius' zugegeben, so können sie doch nimmermehr
die Bedeutung des Christenthums als einer Religion der Erlösung festhalten. Der Einzelne bleibt auch hier immer sein
Selbsterlöser, und die Kirche ist nur für ihn eine causa

---

[1] Lehre von der Rechtfertigung und Versöhnung. III. S. 340 ff.
[2] Glaubenslehre. § 115. 121. 123.
[3] Kliefoth, Acht Bücher von der Kirche. I. S. 36 ff.

occasionalis, dieses Werk der Erlösung an sich selbst zu
vollziehen. Die Beziehung auf Christus tritt dann in weite
Ferne zurück und kann sein Gedächtniß völlig aus dem Ho=
rizont der Geschichte in die Vergessenheit hinabsinken, etwa
wie die Urheber der ältesten Dichtungen Griechenlands oder
der Veden; die Religion der Immanenz wird davon eben so
wenig berührt, als unser ästhetischer Genuß an der Iliade
oder die religiöse Befriedigung, die der Hindu in seinen alten
Liedern findet. Mit Recht sagt daher gegen ihn v. Hart=
mann[1]: ‚Ist das Erlösungsprincip ein immanentes, das nur
in mir schlummert und der Erweckung durch äußere, geschichtlich
an mich herantretende Ereignisse bedarf, so ist derjenige Mensch,
welcher mir diesen unschätzbaren Dienst leistet, doch immer
nicht mein Erlöser, sondern nur mein Erwecker zu nen=
nen, und noch weniger verdient der Erwecker den Namen
meines Erlösers.‘

Nicht ohne Grund ist, was von Hartmann[2] weiter dieser
Theorie entgegenhält: ‚Es ist gegen Lipsius nicht mit Unrecht
der Vorwurf des Katholisirens erhoben worden, wenngleich
natürlich sein Standpunkt inhaltlich dem katholischen schon
dadurch ganz entgegengesetzt ist, daß er jede magische Gnaden=
vermittlung der Kirche verwirft, und ihre Leistung auf die
Helferschaft zur Selbsterlösung beschränkt. In formeller Hin=
sicht treten solche katholisirende Tendenzen als unvermeidliche
Reaction überall da hervor, wo die (protestantische) Theo=
logie das deutliche Gefühl gewinnt, daß der Boden unter
ihren Füßen zu wanken beginnt und der Individualis=
mus dem objectiven Dogma über den Kopf wächst; in sol=
cher Lage ist es ja stets die nächstliegende Auskunft, durch
Anlehnung an den consensus omnium in der religiösen Ge=
meinschaft einen Halt zu suchen gegen die vermeintlichen Aus=
schreitungen des Subjectivismus. Insbesondere der geistliche

---

[1] A. a. O. S. 26.   [2] A. a. O. S. 98.

Stand kann durch eine stärkere Betonung des Werthes der
Kirche nur gewinnen, und daher einem Theologen, der auch
auf dem linken Flügel des Protestantismus solche Forde=
rungen stellt, nur dankbar sein . . . Freilich hat solches Ka=
tholisiren auch seine großen praktischen Bedenken; denn wenn
es doch einmal die Kirche sein soll, die mich, gleichviel wie,
zum Heile führt, dann werde ich mich wenigstens nach ei=
ner feststehenden Großmachtkirche umsehen, und
mich lieber an den Felsen Petri klammern, als
an eine der zahllosen protestantischen Secten=
kirchen. Wenn ich doch einmal die beiden historischen Fictio=
nen in den Kauf nehmen muß, daß die christliche Kirche die
Selbsterlösung im speculativen Sinne lehre, und daß Jesus
der vorsätzliche Gründer und Stifter der (von einem solchen
Inhalt erfüllten) christlichen Kirche sei, dann wird es auf
etwas mehr oder weniger dogmatische Abweichungen zwischen
der Kirchenlehre und speculativen Erlösungslehre . . . auch
nicht mehr ankommen.'

Es hat sonach, wie aus dem bisher Gesagten sich ergibt,
auch der speculative Protestantismus Christum als den Er=
löser im vollen und eigentlichen Sinne aufgegeben, und läßt
ihn nur noch gelten in einer Weise, wie dieß auch von
Buddha ausgesagt werden kann. ,Nicht mehr der historische
Jesus von Nazareth gilt dem speculativen Protestantismus
als Erlöser, sondern nur eine an diesen Namen angeheftete
Idealdichtung, welche nur noch als symbolische Personi=
ficirung des rein geistigen Erlösungsprincips dient, in
demselben Sinne, wie man auch dem katholischen Heiligen=
cultus eine symbolische Bedeutung unbestritten lassen könnte;
Jesus muß sich mit der Ehre begnügen, derjenige gewesen zu
sein, welcher den Mittelmeerländern das Erlösungsprincip
lehrte und in sich zur urbildlichen Verwirklichung brachte.' [1]

<hr>

[1] v. Hartmann a. a. O. S. 59.

Daher wird und muß das chriſtliche Bewußtſein aller Con=
feſſionen eine ſolche Chriſtlichkeit perhorresciren, da ſie nur
dem Scheine nach an Chriſtus feſthält; aber auch der ſpecu=
lative Proteſtantismus ſelbſt kann dieſen Anſpruch nur durch
einen Abfall von ſeinen eigenen Principien rechtfertigen, da
der hiſtoriſche Chriſtus, was auch immer als greifbarer Reſt
der evangeliſchen Geſchichtserzählung noch von ihm feſtgehalten
werden mag, dieſe Religion der Erlöſung weder gelehrt noch
in ſich realiſirt hat, und er eben darum auch nicht als Symbol,
als Urbild der Religion der Immanenz betrachtet und ver=
ehrt werden kann. Aber auch abgeſehen von alle dem, was
ſoll uns dieſes weſenloſe Schemen von ſubjectiven religiöſen
Vorſtellungen, auf welche dieſe Dogmatiker das Chriſtenthum
ſchließlich reduciren? Dieſe rein im Subject bleibende Reli=
gioſität mit ihrer unanfechtbaren inneren Erfahrung bedarf
kaum eines Cultus noch einer Gemeinſchaft, und diejenigen
unter den Gebildeten, welche allenfalls ſich auf dieſes
letzte Bollwerk der ſubjectiven Erfahrung zurückziehen, haben
im Grunde wenig Intereſſe daran, zu erfahren, daß dieſe
kritiſch überwundenen Formeln früher einmal ein Bedürfniß
des religiöſen Lebens geweſen ſind [1]. Und wenn die Pietät
oder andere Motive den Theologen veranlaſſen, den Gewinn
ſeiner ſpeculativen Durchdringung der alten Dogmatik in
eben dieſe längſt unverſtändlich gewordenen Anſchauungsfor=
men zu kleiden, ſo wird jeder Andere ſie ohne dieſe Ver=
mummung lieber erblicken und leichter verſtehen. Ja, man
könnte verſucht ſein, in einer ſolchen Methode nur den dem
modernen Geiſte angepaßten Gedanken des **Pomponatius**
wieder zu finden, daß ein Satz theologiſch wahr und philo=
ſophiſch falſch ſein könne und umgekehrt, ſo daß die Ironie

[1] Vgl. H. Schmid, Das Verhältniß der chriſtlichen Glaubens=
lehre zu den anderen Aufgaben der akademiſchen Wiſſenſchaft. 1881.
S. 13.

des Schicksals die Männer der extremsten Negation auf den
gleichen Standpunkt mit Luther zurückgeführt hätte[1].

So stehen wir denn am Ende des Zerstörungsprocesses.
Die ‚christliche Dogmatik‘ von Biedermann macht auch
vor den beiden Cardinalfragen, welche Alle, so die positiven
Dogmen der Kirche bereits dem Läuterungsproceß der ‚Wissen=
schaft‘ überlassen haben, möglichst laut bejahen, um dadurch
‚von vornherein sich noch als gläubige Theologen auszuweisen‘,
nicht Halt. Die Behauptung der Persönlichkeit Gottes ist
ihm nur das Schibboleth des vorstellungsmäßigen
Theismus[2], welche Vorstellung in den reinen, Gott allein
adäquaten Begriff des absoluten Geistes aufzuheben ist, und
wobei die längst widerlegten Einwendungen, die immer von
Neuem das Spinoza=Fichte’sche Wort vorbringen: Omnis
determinatio est negatio, wiederkehren. Doch erlaubt er,
uns Gott als Persönlichkeit vorzustellen, da die Vor=
stellung die natürlich=allgemeine Form unseres Glaubensbe=
wußtseins ist, während ein Anderer (Pfleiderer[3]) lehrt,
daß die Frömmigkeit durch das Aufgeben dieser Vorstellung
einen großen Gewinn erlange. Ebenso ist die Vorstellung
der Seelenfortdauer in den Gedanken des ewigen Le=
bens im Sinne der Immanenz zu erheben, und ein Festhalten
an ihr kann nur die Aeußerlichkeit befördern, die Innigkeit
des in Gott Seins mitten in dieser Zeit schädigen[4]. Und das
‚Lehrbuch der evangelisch=protestantischen Dogmatik‘ des Neu=
kantianers Lipsius gibt zu, daß ‚der philosophische Begriff
des Absoluten für das reflexionelle Denken nicht minder un=
vollziehbar als die religiöse Idee der Persönlichkeit Gottes‘[5]
sei, wobei der inadäquate und nur analoge Charakter
unserer Gotteserkenntniß zu einem widerspruchsvollen
gewendet wird; doch hält er noch an dem Glauben an die

---

[1] Vgl. Luther’s Anerkennung dieses Satzes, WW. X. S. 1396.
[2] A. a. O. S. 639.   [3] A. a. O.
[4] A. a. O. S. 743.   [5] S. 206.

Persönlichkeit Gottes insoweit fest, als dieser aus der religiösen Erfahrung unmittelbar erwächst, womit aber ‚eine ob-
jectiv=theoretische Aussage über das Verhältniß Gottes
zur Welt überhaupt nicht gewonnen wird‘ [1]. Denn hiemit
würde die Grenze der Erfahrung transscendirt, für welche
letztere allein nur es ein Wissen gibt, so daß der Mensch
nach ihm in einem beständigen Gegensatze zwischen Wissen
und Glauben sich umhergeworfen sieht. Die Versuche, die
persönliche Fortdauer wissenschaftlich zu begründen, sind nach
ihm schon darum vergeblich, weil die unserer Erkenntniß gesetzten Schranken oder die Unmöglichkeit, über den Boden der
uns gegebenen Erfahrung hinaus eine andere Daseinsform
des menschlichen Ich auf dem Wege des reinen Denkens zu
erschließen, solche Beweise von vornherein als hinfällig erscheinen lassen; denn eine nackte Seelenexistenz ist eine phan-
tastische Vorstellung. Doch mag die religiöse Hoffnung sich
dabei beruhigen, daß der Menschheitsgeist, wenn er auch niemals von seiner raumzeitlichen Bedingtheit in der Welt
schlechthin loskommen kann, doch vielleicht (!) unter anderen
natürlichen Bedingungen als der unserer Erfahrung zugäng-
lichen sich zu höheren Stufen des selbstbewußten und selbst-
thätigen Lebens erheben könne [2].

Am Schlusse seiner ‚Krisis des Christenthums‘ gibt von
Hartmann eine Zusammenfassung der Arbeiten der speculativen Theologie im modernen Protestantismus, welche mit der
Anerkennung seiner Leistungen zugleich die entschiedenste Verurtheilung desselben ausspricht. ‚Wenn die Daten der geistigen Erfahrung allein ausreichen, um eine allgemein menschliche Erlösungsreligion auf Grund des religiösen Funda-
mentalphänomens (die Relation, in welcher das Selbstbewußtsein des Menschen zu seinem Gottesbewußtsein steht) sicher-
zustellen, so würde der Zuverlässigkeit und Gewißheit dieser

---

[1] A. a. O. S. 174.   [2] A. a. O. S. 871.

ewigen Heilsordnung durch keine geschichtliche Offenbarung oder
objective Heilsthatsache ein Zuwachs zugeführt werden kön=
nen, selbst dann nicht, wenn die historische Beglaubigung sich
wirklich auf denselben Erlösungsbegriff bezöge, welcher aus der
allgemein menschlichen subjectiven Erfahrung desselben ent=
springt. Da aber der heterosoterische Erlösungsbegriff des
Christenthums den autosoterischen der Vernunftreligion un=
bedingt negirt, und nur aus der vorausgesetzten Unmöglich=
keit des letzteren die Legitimation seiner Existenz zu schöpfen
vermochte, so ist der Versuch dieser nachträglichen Ver=
koppelung beider ein Widersinn, wie er ärger
kaum gedacht werden kann. Abstrahirt man hingegen
von dieser widersinnigen Zuthat, so liefern die Werke von
Lipsius, Biedermann und Pfleiderer die schätzbarsten Vor=
arbeiten für die Darstellung einer von allen objectiven ge=
schichtlichen Heilsthatsachen unabhängigen ewigen Heilsordnung
und dadurch zum Aufbau einer autosoterischen Erlösungs=
religion, welche den Anspruch erheben darf, allgemein mensch=
liche Religion zu sein, weil sie auf keinen anderen Voraus=
setzungen fußt, als auf den Grundthatsachen des religiösen
Bewußtseins, und doch besser und verständiger als irgend eine
der früheren Religionen die tiefsten Bedürfnisse des mensch=
lichen Gemüths befriedigt. Indem diese christlichen Theo=
logen auf solche Weise die Errungenschaften der neuesten
Philosophie für eine Religion auf der Basis einer concret=
monistischen Immanenz praktisch verwertheten, haben sie dem=
nach wider ihre Absicht eine positive geschichtliche Leistung
vollbracht, von deren Tragweite sie selbst keine Ahnung haben,
und deren Ausnützung und Vollendung allerdings erst von
ihren Nachfolgern erwartet werden kann.‘ [1]

So wird denn die Religion der Zukunft darin bestehen,
daß mit Abwerfung nicht bloß aller Offenbarungs=, Wun=

---

[1] A. a. O. S. 115.

der-, Inspirations- und Gnadenlehre, sondern auch nach Aufhebung der Idee eines transscendenten Gottes, eine und dieselbe religiöse Thätigkeit, die sich im Abhängigkeitsgefühl an-
kündet, als gesetzmäßige Bethätigung des Menschengeistes und
gleichzeitig auch in vollem Umfange als Activität des göttlichen Geistes in seiner menschlichen Eingeschränktheit zum
menschlichen Subject verstanden wird, wodurch der Mensch
über seine Abhängigkeit von der Welt sich erhebt." So lange
Gott noch als Du dem Ich des Menschen gegenübersteht, hat
das religiöse Bewußtsein seine volle Befriedigung nicht erreicht, bleibt das Verhältniß Gottes zum Menschen doch for-
mell eine dämonische Besessenheit des letzteren durch ersteren.
Auf dem Standpunkt des concreten Monismus stellt sich dagegen das, was als Wesensfremdheit oder Heterousie im
Wechselverkehr mit dem Menschen erschien, als eine einheitliche
Bethätigung der Homousie, der Gottmenschheit, heraus; was
als Wechselbeziehung erscheint, ist nicht mehr Wechselbeziehung,
sondern Identität, die vom Standpunkt des eingeschränkten
Subjects in Form einer Wechselbeziehung zum Bewußtsein
gebracht wird. —

Siehe da, deine Götter, Israel! Der Pantheismus, dieses
Alles gebärende und Alles wieder verschlingende Ungeheuer,
ist die einzige Lösung des religiösen Problems!

Bei Hartmann aber schlägt die Religion in ihr Gegentheil
um; Gott selbst, insoferne er im Menschen zum Bewußtsein
kommt, hat Religion, und er verlangt und findet Erlösung
von der Qual dieses Daseins im Menschen, der das Dasein
negirt. ‚Nur durch mich,‘ spricht hier der Mensch, ‚kann
Gott erlöst werden.‘ [1] Das ist eine Theologie, die

‚Spottet ihrer selbst, und weiß nicht wie‘. —

Wir sind zu Ende. Untergehen im All — nenne es
Brahm oder Nirvana, oder absolute Idee oder das Unbe-

[1] Phänomenologie des sittlichen Bewußtseins. 1879. S. 871.

wußte — das ist das letzte Stadium des Auflösungsprocesses, dem wir bis jetzt gefolgt sind mit dem Interesse des
Pathologen, der das allmähliche Sinken des Lebens beobach-
tet und mit annähernder Gewißheit die Stunde des Todes
prognosticirt. Ueberblicken wir noch einmal den Weg, auf
welchem die Negation fortgeschritten ist.

Zuerst nagt der Zweifel am Formalprincip des Protestantismus, Canon und Inspiration. Die Inspiration der
heiligen Schrift bleibt noch zu Recht bestehen, aber ihr Gebiet wird mehr und mehr eingeengt. Zuerst erstreckte es sich
auf die ganze heilige Schrift; die Schrift, lautete die Formel, ist das Wort Gottes; bald hieß es: die Schrift enthält das Wort Gottes, und die Inspiration ward auf die
Glaubenswahrheiten allein beschränkt — sodann auf die Heilsthatsachen — sodann nur auf die Person Christi — sodann
nur auf seine Lehre — sodann auf den religiösen Geist seiner
Lehre — sodann auf den allgemein religiös-sittlichen Gehalt.

In gleicher Weise wurde das Wesen und die Bedeutung
der Inspiration aufgelöst. Statt der Eingebung der Wörter blieb nur die Eingebung der Worte — dann nur noch
der Sachen — dann nur noch eine übernatürliche Anregung
zum Schreiben — eine erhöhte Gewissenserregung — ein
Getragensein vom Geiste der religiösen Gemeinschaft. Nachdem die heilige Schrift so ihre Bedeutung als eine von Gott
ausgegangene autoritative Urkunde verloren hatte, entkleidete
der Rationalismus die also bereits erniedrigte Bibel auch des
letzten Restes übernatürlicher Weihe; — doch als historische
Urkunde hält er sie noch fest. Da tritt die höhere Kritik
ein und beweist aus äußeren und inneren Gründen, daß
die wichtigsten Bestandtheile derselben mythischen und tenden-
ziösen Ursprunges sind.

Man sucht nun Rettung im Materialprincip[1]. Zu-

---

[1] Vgl. oben S. 5 ff. 72 ff.

erst erscheint der Pietismus; er schöpft die Heilsgewißheit, doch rein subjectiv, aus der Erfahrung. Im Gefühle wurzelnd, entwickelt Schleiermacher sein protestantisches Christenthum, das aber weder christlich noch protestantisch mehr ist — aus ihm die in allen Farben schillernde Vermittlungstheologie bis zu den Vertretern der orthodoxen Lehre, die, um der Scylla des Subjectivismus zu entrinnen, welcher der Fluch des Formalprincips ist, in die Charybdis einer noch gefährlicheren Subjectivität fallen — von da zu den speculativen Dogmatikern mit dem Selbstbewußtsein des immanenten Gottes — zur Leugnung Christi und mit Christus des Gottes des Christenthums und seines Himmels und seiner Seligkeit!

So hat denn die Geschichte ihr Urtheil gefällt. Dreihundert Jahre hat es gebraucht, bis der Zersetzungsproceß in allen Stadien verlaufen, der letzte Rest positiven Christenglaubens unter der Action der Gegensätze zerrieben war. Dreihundert Jahre, im Leben der Völker eine lange Zeit, vor Gott und im Gange der Weltgeschichte kurz wie ein kurzer Wintertag.

Da tritt denn erschreckend die Frage an uns heran: Was nun? —

X. Das katholische Glaubensprincip.

Leib und Seele der Kirche. — Glaube und Auctorität. — Die Kirche eine lebendige Auctorität. — Merkmale der wahren Kirche. — Die Kirche eine göttlich-menschliche Institution. — Die Kirche Organ des Heils. — Von der Kirche empfängt der Gläubige die Schrift und deren Auslegung. — Das katholische Princip der Weg der Wahrheit, das protestantische Ausgangspunkt aller Häresieen. — Unmöglichkeit einer Kirchenbildung im Protestantismus. — Die katholische Kirche Hort des Glaubens. — Vorurtheile gegen die katholische Kirche.

Gewiß, auch in den protestantischen Confessionen hat der Herr sich noch manche Tausend aufbewahrt, die ihre Kniee noch nicht vor Baal gebogen. Die katholische Kirche schränkt das Walten des Geistes Christi nicht auf den Kreis der äußeren kirchlichen Gemeinschaft ein, und zieht seiner Macht in den Seelen keine Grenzen [1]; sie unterscheidet wohl zwischen dem Leib der Kirche und deren Seele, und zählt dieser, der edelsten Erscheinungsform der Kirche auf Erden, alle Jene zu, welche ohne Wissen und Willen außerhalb ihrer sichtbaren Gemeinschaft stehen; sie hat kein Urtheil über Personen, und läßt immer dem Gedanken Raum, daß recht Viele außerhalb der sichtbaren Kirche stehen, deren Irrthum ein unfreiwilliger und unverschuldeter ist, und die um ihres Verlangens nach der Wahrheit willen dieser unsichtbaren Kirche angehören, von denen dann des Augustinus [2] Wort gilt: Hos coronat in occulto pater, in occulto videns. Hieraus möge man ermessen, wie ungenau Kahnis [3] sich ausdrückt, wenn er sagt: ‚Der Katholik hält den Grundsatz fest, daß Niemand zum Heil kommen kann, der nicht legales Glied der äußeren Kirche ist. Zwar behauptet er nicht, daß alle Glieder der äußeren Kirche selig werden, wohl aber, daß die, welche selig werden, der äußeren Kirche angehören müssen. Der Protestant erkennt an, daß es die Kirche ist, durch welche Wort und Sacrament in uns Glauben wirkt, und macht dem Gläubigen zur Pflicht, sich treu zu seiner Gemeinde und zu seinem Bekenntniß zu halten. Aber er knüpft an die Zugehörigkeit zur äußeren Kirche nicht das Heil, sondern allein an den lebendigen Glauben an Jesum Christum.‘ Diese ganze Frage hat Augustinus [4] kurz beantwortet, wenn er sagt: Ecclesia catholica sola est corpus Christi, cujus ille caput est salvator corporis sui ... Qui ergo vult habere Spiritum sanctum, caveat foris ab Ecclesia manere.

---

[1] Bellarm. De eccl. III. 3.
[2] De vera relig. c. 6.
[3] Christenthum und Lutherthum. 1871. S. 56.
[4] Ep. 185, 50.

Diese nun und alle Jene, welche an Christus und an seiner ewigen Wahrheit noch festhalten, mögen sie durch eigene Schuld oder ohne diese außer der Kirche stehen, glauben **auf Grund katholischer Principien.** Der gläubige Protestantismus ist nur ein Anbau an den tief gegründeten und unerschütterlich festen Tempel Gottes, die katholische Kirche, und wird nur von dieser gehalten; was an christlicher Wahrheit und Tugend in den verschiedenen Confessionen sich findet, das besteht dort und erhält sich durch die stille, aber mächtige Einwirkung der katholischen Kirche. Wäre die katholische Kirche nicht, das Christenthum, das der liberale und speculative Protestantismus schon längst darangegeben hat und dem es daher nichts ist als ein unbestimmter Name, ein Collectivbegriff, dem dieser seine aus ganz anderen Kreisen stammenden Anschauungen und Ideen unterstellt, um so sich selbst zu halten und unter diesem Namen zu täuschen und Jünger zu sammeln, das Christenthum, wie es unsere Väter, Protestanten so gut wie Katholiken, geglaubt und gelehrt haben, wäre längst spurlos von der Erde verschwunden. Denn auch in der orthodoxen Fassung ist die Lehre der Reformatoren nur das Princip und der erste Act eines großen Auflösungsprocesses geworden, das mit der unerbittlichen Macht der Logik nun arbeitet und zur Entscheidung drängt. Warum?

Die Frage nach dem wahren Glauben ist keine andere, als die Frage nach der wahren Auctorität. Was wir wissen, sagt Augustinus [1], verdanken wir der Vernunft; was wir glauben, verdanken wir der Auctorität. Der Protestantismus wollte diese nicht verwerfen, er wollte vielmehr erst recht sie an die Spitze seines Systems setzen, und darum verwarf er, ebenfalls mit Recht, jede falsche

---

[1] De utilit. credend. c. 11: Quod scimus, debemus rationi, quod credimus, auctoritati.

Auctorität. ‚Es gilt nicht,‘ heißt es in den Schmalkalder Artikeln [1], ‚daß man aus der heiligen Väter Werk oder Wort Artikel des Glaubens mache. Es heißt, Gottes Wort soll Artikel des Glaubens stellen, und sonst Niemand, auch keine Engel.‘ Das Princip war richtig, aber die Anwendung falsch. Er stellte Christum auf als alleiniges Haupt, und leugnete so ein gottgewolltes, sichtbares Amt der Leitung der Gesammtkirche; Gottes Wort, das in der Schrift zu uns spricht, ist ihm alleinige Auctorität. Aber die Schrift allein ist keine ausreichende Auctorität, so wenig als ein todtes Gesetzbuch je einen Staat gegründet hat, noch gründen wird. ‚Richter ist die heilige Schrift nicht, denn Richten heißt, einen Fall unter ein Gesetz subsumiren, und es gehört also zum Richten eine lebendige Person, was die heilige Schrift eben nicht ist. Sie ist ein Gesetzbuch, nach welchem der Richter zu urtheilen, unter welches er den Fall zu subsumiren hat. Richter ist nur der Lehrstand, welcher sich in den lebendigen Besitz des Schriftinhaltes und der Erfahrungen der Kirche gesetzt hat, und erkennt, daß die Kirche zu allen Zeiten vom heiligen Geiste erfüllt, geleitet, getragen und gefördert worden ist, sowie, daß der heilige Geist auch ihm eine lebendige und gegenwärtige Person ist.‘ [2] Wandelte Christus lebendig unter uns, dann besäßen wir in ihm ein sichtbares Haupt und an seinem Wort eine lebendige Auctorität. Aber so ist es nicht; darum bedarf der Gläubige denen gegenüber, die da rufen: ‚Hier ist Christus! dort ist Christus!‘ einer sichtbaren Leitung der geistlichen Gemeinschaft, daß weder Spaltung sei, noch Trennung, und einer lebendigen Auctorität Jenen gegenüber, die, wie bereits Tertullian [3] sagte, die Bibel nur entstellen, nicht erklären, durch welche ihr Werth, ihre Bedeutung und ihr Sinn, den

---

[1] II. 2 De miss. p. 308.

[2] Bilmar, Dogmatik. S. 104.

[3] De praescriptione c. 37. 38.

sie an sich von ihrem Urheber empfangen hat, Geltung und
unbezweifelbares Ansehen auch für uns empfängt, und so
der ‚garstige, breite Graben‘ überbrückt wird, der das Sub=
ject von der objectiven Glaubensregel trennt.

Die Kirche ist diese lebendige Auctorität, und nur sie
kann es sein. Sie kann die Lehren der religiösen Wahr=
heit in einer den Bedürfnissen der Zeit und der Geister ent=
sprechenden Weise verkünden und Antwort geben auf jede
Frage, welche die kommenden Geschlechter stellen, jeden Fall
richten, jeden Streit schlichten, jeden Zweifel heben, daß wir
nicht unstet hin= und herschwanken, gefeit gegen jede Arglist
falscher Lehre. Ein geschriebenes Buch ist dieß nicht und kann
es nicht sein, denn dieses bedarf der Vermittlung. Der
Buchstabe, sagt Plato [1], wird mißhandelt, er kann sich nicht
selbst helfen, er bedarf des Beistandes seines Vaters. Das
geschriebene Wort ist todt, es muß erst durch den Hauch des
Lebenden Leben empfangen. Nur der lebendige Geist des
Menschen kann unmittelbares Organ der göttlichen Wahr=
heit sein; der Buchstabe der Schrift, der Glaubensformel,
des Bekenntnisses ist dieses nur, weil und so lange der Geist
lebt, dessen Ausdruck er ist. Durch den lebendigen Geist des
Menschen ist es dem göttlichen möglich, die geoffenbarte
Wahrheit jeder Zeit und jeder Bildungsstufe, ohne Bei=
mischung von Irrthum, rein und vollständig mitzutheilen [2].
Der menschliche Geist ist aber auch zugleich das würdigste
Organ der Verkündigung der göttlichen Wahrheit, nicht ‚Pa=
pier und Tinte‘ [3], denn er ist in höchster Weise Gott ähnlich.
Und so erscheint in dem zeugenden Lehramte der Kirche eine
übernatürliche Erhebung der menschlichen Natur zur Fort=
setzung des Werkes der Erlösung durch die Predigt.

Weil eine lebendige Auctorität, beweist die Kirche sich

[1] Phaedr. p. 274.
[2] Vgl. Kuhn, Dogmatik. I. 2. Aufl. S. 47.
[3] 2 Joh. 12.

6*

durch sich selbst. Ihre ‚große und bewunderungswürdige
Einheit'[1], die Blüthen ihrer Heiligen, ihre Katholicität, die
den Erdkreis umspannt, ihre Apostolicität, die hinaufreicht
in ununterbrochener Reihenfolge der römischen Bischöfe bis
zu Petrus, in dem sie vom Herrn ihre Mission empfing,
ihre wunderbare Ausbreitung, ihre unüberwindliche Dauer,
ihre unerschöpfliche Fruchtbarkeit an allen Gütern[2] ist ein
großartiger und fortdauernder Beweisgrund ihrer Glaubwürdigkeit und ein unwiderlegliches Zeugniß für ihre göttliche Sendung, die sichtbare Erscheinung des in ihr unsichtbar
waltenden Geistes. Was Augustinus[3] vor vierzehnhundert
Jahren sprach, das haben alle Jahrhunderte seitdem bestätigt,
das spricht heute jeder Katholik in vollster Ueberzeugung ihm
nach, das muß jeder gläubige Christ sprechen, wenn nicht
Vorurtheil seinen Blick getrübt hat. ‚Mich hält fest in der
katholischen Kirche die Uebereinstimmung der Völker und
Nationen, die Auctorität, welche auf Wunder gegründet, durch
Hoffnung genährt, in Liebe vermehrt, durch das Alterthum
befestigt wird; mich hält fest die Reihenfolge der Bischöfe
bis zu dem gegenwärtigen Episcopat, ausgehend vom Sitze
Petri selbst, dem der Herr nach seiner Auferstehung die
Weide seiner Schafe anvertraut hat; mich hält endlich fest

---

[1] Rede Bismarck's im Reichstag, 16. Mai 1873.

[2] Conc. Vatic. De fid. cap. 3.

[3] C. Epistolam Fundam. c. 4. Tenet me in Ecclesia catho-
tholica consensio populorum atque gentium, tenet auctoritas
miraculis inchoata, spe nutrita, charitate aucta, vetustate firma;
tenet ab ipsa sede Petri, cui pascendas oves suas post resurrec-
tionem Dominus commendavit, usque ad praesentem episcopatum
successio sacerdotum: tenet postremum ipsum catholicae no-
men, quod non sine causa inter tam multas haereses sic
illa Ecclesia sola obtinuit, ut, cum omnes haeretici se Catholicos
esse velint, quaerenti tamen peregrino alicui, ubi ad Catholicam
conveniatur, nullus haereticorum vel basilicam suam vel
domum audeat ostendere.

der Name der katholischen selbst, welchen nicht ohne
Grund unter so vielen Häresieen diese Kirche so allein besitzt,
daß, obgleich alle Häretiker katholisch sein wollen, doch auf
die Frage eines Fremden, wo man zur katholischen Kirche
geht, keiner es wagt, seine Basilika oder sein Haus ihm zu
zeigen.' Wohl trägt diese Kirche nach ihrer menschlichen
Seite die Spuren des Erdenstaubes an sich, durch den sie
wandelt; denn so lange Menschen in sterblichem Fleische Or=
gane des Göttlichen sind, müssen sie und die gesammte Kirche
beten: Vergib uns unsere Schuld. Dieß ist jedoch nur die
eine Seite der Kirche [1]. Durch die Armuth und Niedrigkeit
des Menschlichen wirkt und waltet, unlösbar ihm geeint,
Gottes Geist, der sündige und sterbliche Naturen erhoben hat
zu Trägern und Organen seines Wortes der Wahrheit.
Möge Keinem darum die menschliche Seite der Kirche ein
Aergerniß werden, wie es die Niedrigkeit des Herrn, der in
der Krippe lag und am Kreuze hing, denen geworden, die
unter dem Schleier seiner Niedrigkeit die verborgene Majestät
seiner ewigen Gottheit nicht erblicken konnten. Wie wir da=
rum den wahren Leib Christi, der das Werkzeug wurde,
durch das die Gottheit die Welt belehrte, erlöste, beseligte,
nicht zurückstoßen werden, so wollen wir nicht zurückstoßen
seinen mystischen Leib, die Kirche, die sein Werk fortsetzt bis
an's Ende der Zeiten. Denn dieß ist nun einmal die Ord=
nung der Vorsehung, daß das Göttliche durch menschliche
Vermittlung uns gegeben werden sollte, wie auch im Bereiche
der Natur Gott seine Gaben uns durch Mittelursachen spendet.
Eine unmittelbare Offenbarung für einen Jeden postuliren,
hieße auf den Standpunkt der ‚Schwarmgeister‘ wieder zu=
rückfallen, wogegen Luther am entschiedensten kämpfte, was
im neunzehnten Jahrhundert nicht mehr möglich ist.

Von dieser Kirche empfangen wir den Glauben, die

[1] Augustin. C. duas Ep. Pelag. I. 14.

Regula fidei, und mit ihm die heilige Schrift. Sagt doch selbst Kahnis[1]: ‚Von der alleinigen Auctorität der heiligen Schrift weiß die alte Kirche nichts. In dem apostolischen und nachapostolischen Zeitalter war es das traditionelle Wort, welches die Gemeinde so gründete, als in Einheit erhielt. Nachdem das neutestamentliche Schriftwort in sein Recht (welches?) getreten war, sah man in ihm, dem inspirirten Zeugnisse der Apostel und Propheten, zwar das Richtmaß der Wahrheit und den Mittelpunkt der Gemeindeerbauung, aber es entwickelte doch seine Wirkung nur auf dem Boden des Gemeindelebens, dieser zum Organismus gewordenen Tradition[2], in welchem zunächst das lebendig fortgepflanzte Wort, also abermals die Tradition, den Glauben erzeugte und ernährte[3]. Die Auctorität der Schrift ruhte auf der Autorität der Kirche, wie es das bekannte Wort Augustin's ausspricht[4]. Die Kirche war es, die den Einzelnen die Schrift als ihr heiliges Buch übergab; ihre Zeugnisse verbürgten die Glaubwürdigkeit der Schrift; ihr Glaube und Leben war die factische Auslegung der Schrift. Die Bedeutung der Schrift als Richtmaß des Glaubens setzte eben den Kirchenglauben voraus. Wohl war das authentische Wort der Schrift die reinere und sicherere[5] Quelle der Offenbarung. Aber ihre Auslegung

---

[1] Luther. Dogmatik II. S. 25.

[2] Iren IV. 33, 8.

[3] Tertullian. De carne Chr. c. 2. De praescr. c. 14. 19.

[4] Evangelio non crederem, nisi commoveret me Ecclesiae catholicae auctoritas. L. c. c. 3.

[5] Die Katholiken erkennen, daß in Schrift und Tradition die Quellen der Offenbarung fließen, aber nicht in gleicher Weise. Die heilige Schrift ist das Wort Gottes, die Tradition, zunächst als menschliches Wort, enthält das Wort Gottes; darum kommt jener ausschließlich jene Erhabenheit, Kraft, Würde und Heiligkeit zu, wie sie nur dem unmittelbaren Worte Gottes gebührt. Hebr. 2, 12. Da-

räumte der Subjectivität großen Spielraum ein. Die alte
Kirche lebte der Ueberzeugung, daß das in das Gemeinde=
bewußtsein eingegangene apostolische Wort die Summe des
Schriftwortes sei, und ging, nicht um sich der Sub=
stanz ihres Glaubens zu versichern, sondern Erbau=
ung und Unterweisung suchend an die Schrift.'

Sonderbare Widersprüche! Der gläubige Protestant ver=
wirft mit uns als falsch und unchristlich, was der Gnosti=
cismus und Doketismus, der Arianismus und Sabellianis=
mus, der Nestorianismus und Monophysitismus, der Pela=
gianismus und Manichäismus gelehrt hat. Und doch ver=
wirft er das Princip, auf dem die Kirche fußte, auf das
sie ihre Verwerfungsurtheile gründete, das sie vor Verirrungen
bewahrte, die lebendige, von dem gläubigen Bewußtsein er=
füllte und von Gottes Vorsehung geleitete Auctorität, die
Christus selbst in ihr gegründet hat! Und das Princip, das
er als Regel und Norm seines Glaubens adoptirt, Schrift
und Erfahrung, ist es nicht gerade dasselbe, auf das seit den
Tagen des Montanus sämmtliche Häretiker sich be=
rufen haben, worauf sie ihre Irrthümer zu stützen such=
ten?[1] Bietet sonach die Geschichte nicht einen Inductions=
beweis, so evident, als nur immer einer sein kann,
daß in dem katholischen Glaubensprincip die Verbürgung der
christlichen Wahrheit gegeben ist, das protestantische dagegen
den fruchtbaren Keim zu allen Irrungen in sich trägt?

Der neuere Protestantismus betont dem Schriftprincip
gegenüber die Erfahrung, welche allein das Wort Gottes

---

rum ist sie auch von grundlegender Bedeutung für jede Dar=
stellung der christlichen Lehre, weil göttliches Urbild und unser Vor=
bild. 2 Tim. 3, 16.

[1] Augustin. De utilit. cred. c. 6. Clem. Alex. Strom.
VII. 16. Tertullian. l. c. c. 12. 17. 18. Scorpiac. c. 13.
Vincent. Lirin. Commonitor. c. 2. Hieronym. Ep. 53. 58
adv. Lucifer. c. 28. Hilar. Ad Constant. c. 2. Vgl. oben S. 7.

uns vermittle. Das verkennen die Katholiken nicht, aber
es ist nicht die Erfahrung des Einzelnen, es ist die
Erfahrung, das Glaubensleben der christlichen Gemein=
schaft, der Kirche, die uns das Verständniß der Schrift
vermittelt. Was A. Ritschl und Lipsius betonen, haben
Andere mit ihnen ebenso energisch geltend gemacht. Je we=
niger die Theologie in der Lage ist, sich auf eine Jedem
leicht zugängliche Erfahrung stützen zu können, sagt H.
Schmid[1], desto mehr bedarf sie zur Basis die Erfahrung
einer nicht nur im Raume, sondern auch in der Zeit aus=
gebreiteten Gemeinschaft, der Kirche. Und A. Resch bekennt:
‚Erst die Kirche in ihrer Gesammtheit kann als die be=
fähigte Auslegerin des Wortes Jesu und seiner Apostel be=
trachtet werden. Und nur wer von dem der Gesammtkirche ein=
wohnenden Geiste innerlichst durchdrungen ist, und ihre gei=
stigen Kämpfe in sich erlebt, an sich erfährt, ihr wahrstes
Ringen und ihre innersten Bedürfnisse kennt, vermag ein
Gott bereitetes Organ zu werden, durch welches die Kirche
zu neuen Fortschritten und zu höherer Selbstentwicklung ge=
führt werden kann. Und da jeder Fortschritt der Kirche in
den von dem Worte Jesu bezeichneten Bahnen geschehen muß,
so zeigt sich die ununterbrochene Auslegung dieses Wortes
als die innerste Lebenspflicht der Gesammtkirche und die ihr
kraft dieses Wortes einwohnende Inspiration (!) als die ent=
scheidende Bedingung, von welcher eine fruchtbare Auslegung
des neutestamentlichen Wortes, ein Heben der in ihm verbor=
genen Schätze, abhängt. Nur der Geist, aus welchem die
Schriften des neutestamentlichen Canons entstanden sind, kann
in das Verständniß derselben einführen.‘[2]

Ebenso erklärt Kahnis[3]: ‚Das volle Verständniß der
heiligen Schrift kann nicht Sache jedes Laien sein. Selbst

[1] A. a. O. S. 29.   [2] Resch a. a. O. S. 113.
[3] A. a. O. S. 116. 127.

dem einzelnen Theologen kann nicht das Recht zugesprochen
werden, aus der Schrift die Glaubenslehren zu bilden . . .
Gott hat die heilige Schrift in die Hände der Kirche niedergelegt, daß sie in ihrem Bekenntniß den Glaubensinhalt
der Kirche bestimme, auf Grund des Bekenntnisses ihre
Wissenschaft von der Schrift bestimme. Schrift, Bekenntniß
und Theologie müssen zusammenwirken, wo wahrhaft kirchliches Leben ist . . . Eine Confessionskirche, die nicht sagen
kann, was die Schrift lehrt, ist Confusionskirche.' Das
ist consequent gesprochen, nur hat es in der lutherischen Confession, von der Kahnis redet, keine Berechtigung. Denn sie
erlaubt zwar eine Prüfung des Bekenntnisses, ob es mit
der Schrift übereinstimmt, setzt aber von vornherein fest,
daß aus jeder ‚wahren‘ Prüfung das ‚Recht des lutherischen
Bekenntnisses siegreich hervorgehen werde‘, und wo dieß nicht
der Fall ist, da führe die Prüfung nur zur Verirrung. Mit
welchem Rechte? Ist doch ‚die lutherische Kirche nach Kahnis
nicht die Kirche‘, sondern nur ‚ein Theil derselben‘; darum
kann sie die Verheißung auch nicht auf sich beziehen, außer in
dem, womit sie mit der katholischen Kirche im Einklange sich
weiß. Von dieser sind alle anderen ‚menschlichen Kirchen‘ [1] ausgegangen und haben von da in zahllose Bruchtheile sich ge-
theilt [2], die in Deutschland nur staatliche Macht zusammen-
hält, nicht zur Gemeinschaft des Glaubens, sondern so häufig
zum Bunde des ‚Glaubens mit dem Unglauben‘. Kahnis
selbst verlangt auch nur eine ‚wesentliche Uebereinstimmung des Bekenntnisses mit der Schrift‘ [3]. Was das Wesentliche, was das Außerwesentliche sei, hat er nicht gesagt.
Und hätte er es auch gesagt und sagen können, so gibt
diese eine Thatsache viel zu denken: der Protestantismus

---

[1] Cyprian. Ep. 52, 24.
[2] Augustin. Serm. IV. 21.
[3] A. a. O. S. 128.

6**

wagt es nicht, die volle christliche Wahrheit für
seine Gemeinschaften zu vindiciren!

Rothe[1] in seinen letzten Lebensjahren erklärt daher:
‚Unsere (protestantischen) Kirchen, in ihrer jetzigen Gestalt Gebilde einer grundverschiedenen Entwicklungsperiode des Christenthums, sind nicht darauf eingerichtet, den Geist des neunzehnten christlichen Jahrhunderts in sich aufzunehmen. Was
die Kirche ursprünglich war, und zwar ganz angemessen der
Periode ihrer ersten Bildung, ist sie längst nicht mehr, und
sie kann es auch nie wieder werden . . . Es ist eben eine
handgreifliche Unmöglichkeit, daß eine historische Existenz im
neunzehnten Jahrhundert die Gestalt festhalte, welche das
natürliche Erzeugniß der geschichtlichen Bedingung des sech-
zehnten war; . . . die jetzige Weise unseres protestantischen
Kirchenwesens, vor Allem die jetzige Organisation ihres Kle-
rus, halten keine lange Reihe von Generationen mehr vor,
so morsch sind sie geworden.‘

So hatte man durch Proclamirung des Princips der
freien Forschung die Geister von aller objectiven Auctorität
gelöst, um aber alsbald, durch die Consequenzen erschreckt,
die dieses Princip im Laufe der Zeit mehr und mehr entwickelte und entwickeln mußte, sie wieder bannen zu wollen.
Doch die Zauberformel ward nicht gefunden. .

> Herr, die Noth ist groß;
> Die ich rief, die Geister,
> Werde ich nicht los!

Das ist so recht der Verzweiflungsruf des Protestantismus der Gegenwart. Glaubensbekenntnisse wurden verfaßt, Landeskirchen, durch staatliche Gewalt gegründet
und zusammengehalten, wurden errichtet, die willkürlich gesetzten
Schranken bald enger, bald weiter gezogen — Alles umsonst.
Es ist nicht möglich, daß der, welcher einmal die Auctorität

---

[1] Vorwort zu Nippold, Neueste Kirchengesch. 1867. S. 17.

der Kirche zerstört hat, noch vor irgend welcher Auctorität
Halt macht; wer gegen die Weltkirche protestirt, dem wird
es nicht schwer werden, im Namen seines Gewissens auch
den Satzungen seiner Landeskirche gegenüber ein Protestant
zu sein. „Ich bitte,‘ sagt Kahnis[1], ‚mir die dogmatische
Schrift eines lutherischen Theologen der Neuzeit zu nennen,
die in allen Punkten mit dem orthodoxen Lehrbegriff stimmt.‘
(Er selbst lehrt in der Trinität subordinatianisch, in der
Christologie kenotisch, in Bezug auf das Abendmahl calvi-
nisch[2].) So ist die Aufgabe des Protestantismus nothwendig eine auflösende, alle christlichen Glaubenslehren bis
zum letzten Rest zersetzende, und wenn er dabei dennoch po-
sitiv sein will, so kann dieß nur geschehen im Widerspruche
mit sich selbst, indem er Gegensätze zu vereinen bestrebt ist,
die ihrer innersten Natur nach unversöhnliche sind und sich
wechselseitig aufheben. Daher die Rath- und Fruchtlosigkeit
aller Synoden und Kirchentage, daher die Nothwendigkeit
der Aufstellung möglichst unbestimmter, vieldeutiger Formeln[3],
daher die Sisyphusarbeit in den Bestrebungen, eine Kirchen-
verfassung auf Grund der ‚reinen, evangelischen Lehre‘ aufzustellen, die immer zwischen der vagen ‚Gemeinschaft der Wiedergeborenen‘ im Sinne Schleiermacher's und den ‚romanisirenden
Tendenzen‘ haltlos hin- und herschwankt. Wundern dürfen
wir uns dann nicht, wenn Steinmeyer[4] nach Abweisung
der Mitbetheiligung der Gemeinde und Geistlichen am Kirchenregiment erklärt: ‚Besser also, das Kirchenregiment liegt
in der Hand eines gottesfürchtigen Kriegsmannes, der auch
in kirchlichen Sachen auf militärische Ordnung, auf strammen
Gehorsam gegen das Bekenntniß hält, ohne sich durch die

---

[1] System der lutherischen Dogmatik. 1868. S IX.
[2] Dorner a. a. O. S. 869.
[3] Vgl. die Verhandlungen der ersten preußischen Generalsynode
vom J. 1876.
[4] Der Begriff des Kirchenregiments. 1879.

Einreden der Theologen und sonstiger Federfuchser beirren zu
lassen.' (!)

So hat denn die Geschichte zu Gericht gesessen und ihren
Spruch gefällt. Einen unermeßlichen Schatz von Scharfsinn,
Erudition, Arbeitskraft und unermüdlicher Ausdauer hat der
Protestantismus in diesen drei Jahrhunderten aufgeboten; für=
wahr, ein riesiges Ringen und Streben! Wenn Menschenkraft
und Menschenweisheit, die Gunst der Mächtigen und Gewalt
der Fürsten Kirchen gründen könnten, seine Kirchen stünden
fester als die Felsen unserer Hochgebirge. Aber das kann
nur Gottes Hand, und diese war nicht mit ihm. Das re=
formatorische Princip hat alle Combinationen, die nur immer
möglich waren, gesucht, angewendet, verbraucht. Ein neuer
Ausweg ist nicht mehr möglich, seine geistige Kraft, wahr=
haftig keine geringe, hat sich erschöpft und vermag keine neuen,
lebensfähigen Formen mehr zu bilden.

‚Der Gegensatz des Katholicismus und Protestantismus,'
hat D. F. Strauß[1] bereits vor vierzig Jahren gesagt, ‚ist
auf dem Gebiete der Wissenschaft zur gänzlichen Bedeu=
tungslosigkeit zusammengeschwunden. Auf wissenschaftlichem
Boden steht heutzutage der orthodox protestantische Theologe
dem rechtgläubigen katholischen ungleich näher, als dem
Rationalisten oder gar dem speculativen Theologen seiner
eigenen Confession. Wo um Autonomie oder Heteronomie
des Geistes als solchen gestritten wird, da kann die Neben=
frage, ob das Princip dieser Heteronomie die Kirche oder die
Schrift sein solle, nur ein schwaches Interesse erregen.' Und
von gläubiger Seite her wird erklärt[2]: ‚Es ist früher nicht
selten evangelisch=kirchlichen Theologen verdacht worden, wenn
sie erklärten, gegenüber einem Rationalisten mit seiner Be=
seitigung der specifisch=christlichen Wahrheit fühlten sie sich

---

[1] Glaubenslehre. Bd. I. Vorr.
[2] Zeitschrift für Protestantismus und Kirche. LXXII. S. 293,
gelegentlich einer Kritik der Dogmatik von Lipsius.

einem gläubigen Katholiken näherstehend. Wir wollen über
das Recht oder Unrecht solcher Rede hier nicht streiten. Aber
dieß wollen wir sagen, daß wir einem ehrlichen Rationalisten
alten Schlages, der einen lebendigen Gott im Himmel als
objective Realität glaubt, zu diesem Gott betet, von seiner
Hand die Geschicke seines Lebens bestimmt weiß, uns näher
fühlen als einem Gnostiker, für den auch die letzte Realität
des christlichen Glaubens in subjective Wahrheit sich auflöst.'
,Es ist kaum möglich,' bemerkt K. Köhler[1], ,der Consequenz
auszuweichen, daß liberale und orthodoxe Protestanten in
Wahrheit eine verschiedene Religion haben.'

Die Lehre von dem wahren Christenthum hängt darum
auf's Innigste mit der Lehre von der wahren Kirche zusam=
men; Kirche aber und Christenthum, und mit ihm die wahre
Religion, danken wir Gott, nur Gott allein und seiner weisen
und gnädigen Vorsehung. ,Denn wenn Gottes Vorsehung
die menschlichen Dinge nicht lenkt,' sagt Augustinus, ,dann
haben wir nicht weiter um Religion uns zu kümmern.
Wenn aber die Schönheit aller Dinge, welche wir einer
Quelle wahrster Schönheit entflossen glauben, und ein ich
weiß nicht welch' innerer Drang gerade die edleren Geister
hintreibt, Gott zu suchen und ihm zu dienen — dann dürfen
wir nicht daran verzweifeln, daß derselbe Gott eine Auctorität
gegründet hat, auf die wir gewissermaßen sicheren Fußes uns
stützend, zu Gott uns aufschwingen.'

Und was er im Anschlusse hieran den Manichäern und
allen Außerkirchlichen seiner Zeit zuruft, das möge auch
heute diesen zugerufen werden, um ,ihnen die Vorurtheile
zu benehmen, welche ihnen theils aus Unwissenheit, theils
aus Bosheit gegen die wahren Christen beigebracht worden
sind' . . .: ,Da wir nun solche Fortschritte, solche Früchte
sehen, wollen wir noch länger zaudern, uns zu bergen in dem

[1] Theol. Literaturzeitung. 1880. S. 596.

Schoße der Kirche, welche von dem apostolischen Stuhle aus
durch die Reihenfolge der Bischöfe eine solche Höhe der Auc=
torität erlangt hat, daß das gesammte Geschlecht sich zu ihr
bekennt, trotzdem daß die Häretiker rings umher sie anbellen,
welche aber sämmtlich theils durch das Gericht des Volkes
selbst, theils durch das Gewicht der Concilien, theils durch
die Majestät der Wunder verurtheilt wurden? Dieser nicht
den ersten Platz zuerkennen, ist entweder ein Zeichen höchster
Gottlosigkeit oder kecker Anmaßung. Denn wenn es für
den Geist keinen andern gewissen Weg zur Weisheit und zum
Heile gibt, als den des Glaubens, welcher der Vernunft
vorausgeht, heißt das nicht undankbar sein dem
Beistande Gottes und seiner Handreichung, wenn
wir der mit solcher Kraft ausgerüsteten Aucto=
rität widerstreben? Und wenn jede Wissenschaft, wenn
auch noch so gering und leicht erlernbar, doch einen Lehrer
und Meister fordert, daß man sie erlernen kann, kann es
einen größeren und vermesseneren Hochmuth geben, als die
Bücher der göttlichen Geheimnisse von ihren Aus=
legern nicht anzunehmen?«[1]

Es ist hier nicht der Ort, auf die landläufigen Einwen=
dungen gegen die katholische Lehre näher einzugehen, wie sie
seit Beginn der Reformation erhoben worden sind und immer=
fort noch erhoben werden, jene große, polemische Heerde von
Mondkälbern, wie einmal Görres sagt, die vor dreihundert
Jahren geworfen worden sind, die aber in der ersten Action,
in die man sie hineingeführt, großentheils auf dem Felde der
Ehre geblieben. Ihre Inhaber haben sich aber hiedurch nicht
niederschlagen lassen, die salvirten Cadaver wurden abgehäutet
und geschickt ausgebalgt, daß sie immer wieder das Ansehen
von Lebendigen haben und alle wie Giraffe die Köpfe hoch
erhoben tragen. Man hat ihnen hierauf die ebenso sorg=

---

[1] De utilit. credend. c. 16. 17.

fältig präparirte Päpstin Johanna zur Anführerin gegeben,
die am besten sich zum Commando eines solchen Heeres eignet,
weil ihr neben Leib und Seele auch selbst die Haut gefehlt;
als Generalstab fungirt die Inquisition mit dem gefolterten
Galilei, und so ziehen sie immer auf's Neue in die Schlacht,
wie weiland jene ausgeweideten Elephanten der Königin Se-
miramis, um die Herrschaft des Papstes, welcher der leibhaftige
Antichrist [1] ist, zu stürzen. Die Katholischen haben lange Zeit
Feuer darauf gegeben; da aber niemals eine der Bestien fallen
wollte, haben sie endlich begriffen, wie die Dinge beschaffen
seien, sparen ihr Pulver und gehen auf die Hauptsache los.

Wer die Zeichen der Zeit versteht, der weiß, daß mit
und in der Frage nach der wahren Kirche die Frage über
Sein oder Nichtsein des Christenthums gegeben ist. Und er
wird ohne vieles Besinnen dann leicht wie Spinnengewebe
die Fesseln der Vorurtheile zerreißen, die so lange seine
Neigung zu ihr banden. Denn zu ihr, der heiligen Kirche,
neigen wir ja Alle hin; auf den Knieen, rief einmal der
edle Perthes aus, verlangen wir nach ihr. Hat doch
selbst H. Leo [2] die Entstellungen der katholischen Lehre durch
protestantische Polemiker gerügt: ,Mein Gegner spricht von
einer römisch-katholischen Kirche, in welcher die Auctorität
des Papstes mehr gilt als die Auctorität Christi, während
ich nur eine kenne, in welcher die Auctorität des Papstes
allein die Bestimmung hat, dem Lichte Christi zu dienen. Er
spricht von einer römisch-katholischen Kirche, in welcher man
vor Bildern hinsinkt, statt vor dem einzigen Arzt, während
ich nur eine kenne, in welcher an allen Heiligen nur das
Kreuz Christi verehrt wird, das sie in Muth und Geduld
getragen haben zu der Christen Heil und der Kirche Christi
Verherrlichung. Er spricht von einer römisch-katholischen

---

[1] So die Schmalkalder Artikel p. 314 und die Concordienformel
Solid. decl. X. p. 795.

[2] Halle'sches Volksblatt. 1852. Nr. 95.

Kirche, in welcher man lieber durch menschliche Bußmittel der Sünden los sein wolle, als in wahrhaftiger Herzensbuße durch das Blut Christi, während ich nur eine kenne, die zwar menschliche Buße als Zeugniß wahrhaftiger Buße for= dert, aber kein äußeres Bußmittel, wenn es rein äußerlich, ohne guten Willen (caritas) und Glauben geleistet wird, als das Geringste helfend ansieht . . . Wenn sich mein Gegner vorzustellen scheint, die römische Kirche wolle vom Evan= gelium nichts wissen, so irrt er sich ganz entsetzlich, im Gegen= theil ist sie bona fide der Meinung, mit dem Evangelium im vollständigsten Einklange zu sein, freilich nicht überall mit dem, was die evangelische Kirche im Evangelium liest . . . Die römische Kirche, welche ich habe kennen lernen, ist also eine ganz andere als die, welche mein Gegner meint.' — —

XI. Die Religion der Zukunft.

Die Erlösung des Unbewußten. — Todeserklärung des Christenthums. — Christliche Wissenschaft und Kunst. — Christenthum und Cultur.

Das Christenthum hat die Erlösung des Menschen durch Gott verkündet; die Religion, welche Hartmann predigt, lehrt die Erlösung Gottes durch den Menschen. Diese und keine andere Religion hat nach ihm die Zukunft für sich; denn das Christenthum, wird uns versichert, ist dem Tode verfallen, war schon damals todt, ehe es die Reformation in Stücke riß; das protestantische Princip ist nicht der Mörder, nur der Todtengräber des Christenthums. Das Wesen des Christenthums, heißt es, hat sich in der urchrist= lichen Zeit und im Mittelalter erschöpft; das Leben des Katholicismus seit der Reformation ist nur ein Scheinleben, die katholischen Völker sind geistig todt; ihre Rolle, die sie in der Geschichte spielen, ist fast nur noch jene der Anhän= ger des Dalai=Lama in Tibet, wenn sie nicht geogra=

phisch mit den protestantischen so durcheinander gewürfelt
wären, daß sie für diese und ihre Culturentwicklung eine
beständige Bedrohung bilden, und sie deßhalb zur energischeren
Ausnützung ihrer Kräfte anspornen [1].

Das sagt von Hartmann, der Philosoph des ‚Unbewuß=
ten‘, und Hartmann ist ein ehrenwerther Mann.

So übel wollen wir ihm dieß nicht deuten, da ihm vor
den verschiedenen neuen ‚Weltanschauungen‘, die gegenwärtig
über Nacht wie Pilze aufschießen und der seinen Concurrenz
machen, mit Recht bange wird, und er auf diesem ‚nicht mehr
ungewöhnlichen Wege‘ das bereits bedenklich gesunkene In=
teresse für seine Philosophie neu zu beleben strebt.

Also todt sollen wir Christen, wir Katholiken sein!
Da hatte doch wahrlich Voltaire mit seinem Écrasez l'in-
fâme! sich umsonst so viel Noth gemacht; denn todter als
todt kann man ja doch nicht sein. Todt sollen wir Katho=
liken sein. Aber sonst pflegt man sich doch vor dem nicht zu
fürchten, was todt ist, und wären es auch jene Elephanten, vor
denen sich endlich selbst die Indier auch nicht mehr fürchteten.
Hartmann spricht aber davon, daß erst in jüngster Zeit die
katholische Kirche in staunen= und schreckenerregender Gestalt
sich erhob, und bewies, wie sehr sie noch im Stande sei, die
Massen zu fanatisiren, von dem Culturkampf als von einem
Verzweiflungskampf der christlichen Idee vor ihrem Abtreten
von der Bühne der Weltgeschichte, gegen welche die moderne
Cultur ihre großen Errungenschaften mit Aufbietung der
äußersten Kräfte auf Tod und Leben zu vertheidigen habe! [2]
Da scheint es doch noch nicht so gefährlich mit dem Christen=
thum zu stehen, wie er prognosticirt. Mancher mag unterdessen
noch in die Grube steigen, manches philosophische System,
auch die Philosophie des Unbewußten, längst vergessen und

---

[1] Die Selbstzersetzung des Christenthums. S. 16. Die Krisis des
Christenthums. Vorr. u. Einl.

[2] A. a. O. S. 2. 32.

zu seinen Vätern versammelt worden sein, denen Cicero[1]
die bekannte Grabschrift gesetzt hat: Nihil tam absurde dici
potest, quod non dicatur ab aliquo philosophorum.

Uebrigens ist es ganz gleichgiltig, und von Hartmann
weder der Erste noch der Einzige, der das Christenthum für
todt erklärt; hat doch schon mancher Arzt und zuweilen nicht
gerade der geringsten einer nach den Grundsätzen seiner Pa-
thologie Manchen für sterbend erklärt, und trotzdem erfreute
sich nachher der Patient einer recht aushältigen Gesundheit.
Hartmann freilich weiß Rath, wie er auch jenen Aerzten nicht
gefehlt haben soll.   Das katholische Christenthum ist eben
doch todt; ‚wissenschaftlich‘ todt, eine ‚Mumie‘ mit
dem Schein des Lebens[2], was allerdings nicht gut zu dem
paßt, was er später von ihm sagt, daß nur die deutsche
Metaphysik dieses Unüberwindliche zu überwinden vermöge,
da es die Vereinigung der zwei größten Mächte im Mensch-
heitsleben für sich habe, ‚das religiöse Gefühl und die Dumm-
heit‘[3].   Von letzterer hat aber bekanntlich schon St. Paulus
gesprochen, und gerade in dieser Thorheit des Kreuzes den
tiefen, unerschöpflichen Brunnen aller Weisheit erkannt. Auch
ist das ‚esoterische Christenthum‘, das sich in die Freistatt der
Orden und Klöster geflüchtet, um von weltlicher Befleckung sich
rein zu halten, durch die Reformation und die Klosteraufhebung
keineswegs mit aufgehoben; und sind diese Orden und Klöster
nichts weniger als ‚verfallen‘, wie Hartmann uns berichtet,
oder zu einem ‚leeren Gehäuse‘ geworden, vielmehr blühen
sie in neuer Kraft und im ursprünglichen Geiste gerade jetzt
erst recht empor. Und auch er gesteht dem katholischen Christenthum das zu, was er dem Protestantismus abspricht, und
was die erste Bedingung und Grundvoraussetzung der Wahrheit und Probehaltigkeit eines Systems ist — die innere

---

[1] De divinat. II. 58.
[2] A. a. O. S. 12.   [3] A. a. O. S. XVI.

Einheit und Folgerichtigkeit: ‚Der Katholicismus,‘ sagt er[1], ‚verlangt Einheit des Glaubens in allen wesentlichen Stücken; was aber wesentlich und unwesentlich sei, bestimmt er selbst als Kirche, und überläßt diese Bestimmung keineswegs dem Urtheile des Einzelnen, weil dadurch sofort dem Auseinander= gehen der Glaubensmeinungen Thür und Thor geöffnet wäre. Die Grundlage des Glaubens bilden ihm, wie der evangeli= schen Kirche, die canonischen Bücher; da aber die Auslegung derselben streitig werden kann, so muß zur Wahrung der Einheit des Glaubens eine inappellable Auslegungsinstanz vorhanden sein. Wäre diese mit bloß menschlicher Einsicht begabt, so wäre das „Opfer des Intellekts“ denn doch eine zu starke Anforderung; aber die katholische Kirche nimmt nicht mit Unrecht an, daß es ganz ebenso im Interesse des heiligen Geistes liegen müsse, die inappellablen Ausleger der canoni= schen Schriften, wie die Verfasser derselben zu inspiriren[2], und daß eine geistverlassene Kirche, die nur vor Jahrtausen= den einmal inspirirte Bekenner besaß, ein recht klägliches Ding wäre.‘

Hartmann also erklärt das Christenthum für todt. Was mag wohl das für ein Christenthum sein, das er im Sande der Mark kennen gelernt hat? Als guter Logiker muß er doch wissen, daß jede Schlußfolgerung vom Partikularen zum Universalen eine falsche ist. Das Christenthum ist nicht bloß todt, es ist gar nicht einmal lebensfähig. Das haben auch schon Andere vor Hartmann gesagt[3]. Denn es ist ein ‚dummer und barbarischer Wahnsinn‘ und zählt nur ‚unter

---

[1] Die Selbstzersetzung des Christenthums. S. 8.

[2] Daß das kirchliche Lehramt sich keine Inspiration, gleich den Verfassern der heiligen Bücher, wohl aber einen besondern Beistand des heiligen Geistes zuschreibt, der es vor Irrthum bewahrt, weiß jeder Katholik.

[3] Celsus bei Origen. c. Cels. I. 2. c Minuc Fel. Octav. c. 12 sq.

dem dummen, fanatischen Volke seine Anhänger' [1]. Die
christliche Kirche ließ sie reden, denn das ‚Unbewußte' redete
aus ihnen, und begann ihren Siegeslauf durch die Welt.
Das Christenthum ist todt, riefen die Zeitgenossen Diocle-
tian's und setzten diesem Kaiser jene Inschrift, die ihn als
Vernichter des Christenthums preist [2]; aber wenige Jahre
darauf erschien Constantin, der ganz anders urtheilte. Das
Christenthum ist todt, ging die Sage selbst im finstersten
Mittelalter, so todt, wie die Religion der beiden andern Betrüger, Moses und Mohammed; aber gerade jetzt nahm der
christliche Gedanke einen hohen gewaltigen Aufschwung. Das
Christenthum ist todt, decretirte der Pariser Convent im
Jahre 1793, es lebe die Göttin Vernunft! Das hatte doch
noch einen Sinn; denn diesem stand eine gewaltige Macht zu
Gebote, ganz anders als dem Philosophen des Unbewußten
in seiner ‚stillen Klause', und er konnte einmal daran gehen,
den Versuch zu machen, wie es sich ohne Christenthum leben
lasse. Hartmann selbst graut vor der ‚nackten Bestie der
Socialdemokratie', vor der ‚Rohheit des Volkes', wenn ihm
mit der Religion die ‚einzige Gestalt abhanden' kommt, in
welcher ihm der Idealismus zugänglich ist [3]. Und doch war
es die Vernunft, in deren Namen dieß Alles geschah! Und
doch hatten die Männer des Convents noch einen anziehen-
deren Cultus zu bieten statt des abgeschafften christlichen, als
Hartmann, der es uns zur Aufgabe macht, das Unbewußte
zu erlösen, um endlich in dem allgemeinen Untergange mit
ihm zu verschwinden. Da müßte man doch wahrhaftig erklären: Le jeu ne vaut pas la chandelle!

Noch vor fünfzig Jahren hatte H. Heine geschrieben:
‚Hört ihr das Glöckchen? Man bringt dem sterbenden

[1] Vgl. Lucian. Philopatr. c. 5. 12.

[2] Nomine Christianorum deleto. Havercamp in Tertull.
Apolog. c. 2.

[3] A. a. O. S. 2.

Christengott das Sacrament; o hätte die Welt nie einen Gott gekannt, sie wäre glücklicher!' Freilich später, als ihn un= heilbares Siechthum in seine ‚Matrazengruft' warf, von der er nie wieder sich erheben sollte, gestand er: ‚Ich huldigte dieser Lehre, solange sie im Salon ausgesprochen wurde; als sie mir aber die Arbeiter aus der Schule Weitling's mit ihren rohen Fäusten vordemonstrirten, ekelte mir davor.' Daß das System der Immanenz sammt Autonomie des Sittengesetzes die nackte Bestialität der Männer der Pariser Commune eher bändigen wird, als jene Gerechtigkeit, welche das Fundament der Reiche ist, wird von Hartmann kaum be= haupten wollen. Doch, sagt uns Herr von Hartmann, es geschehe nur mit ‚plumpem Behagen', daß man ihm entgegen= halte, es wisse das Volk in seiner Masse mit solchen meta= physischen Feinheiten nichts anzufangen, da es nach derberer und massiverer Kost verlange, und man habe gespottet über die geringe Zahl derer, welche sein Princip zu verstehen vermögen. ‚Als ob nicht jeder wüßte, daß die Masse des Volkes immer um Jahrhunderte hinter den eigentlichen Cul= turträgern zurückbleibt, daß die Größe dieser Rückständigkeit wächst mit dem Culturfortschritt, und daß alle neuen Prin= cipien bei ihrem ersten Auftreten nur von einer verschwindend kleinen Minderzahl verstanden und bekannt worden sind und werden k ö n n e n.' [1]

‚Das Volk in seiner Masse!' Was kümmert denn den Herrn von Hartmann, der in seinem Salon in geistreicher Rede und Schrift sich über die Noth des Daseins gründlich zu trösten weiß, was kümmert denn diesen das Volk in seiner Masse? Das Volk — ja an das Volk denkt er so wenig als sein Gegenfüßler Strauß, dessen Optimismus er ver= urtheilt, sich um das Volk gekümmert hat, während er in Beethoven's Sonaten, Shakespeare's Tragödien und den

---

[1] Krisis des Christenthums. S. 13.

Meisterwerken der Antike seine Erhebung findet. Doch sie
denken beide an das Volk, aber nur, weil sie sich vor der
‚allgemeinen Duzbruderschaft im Hemdärmel‘ fürchten, die
das Eigenthum zu rauben sucht, und hoffen, statt auf Jesus
Christus, auf die Bismarck und Moltke, vor denen auch die
‚hartnäckigsten und borstigsten unter jenen Gesellen‘ doch sich
ein wenig bücken müssen [1]. Ja, an das Volk hat nur Einer
in Liebe gedacht, Jener, der gerufen: ‚Kommt zu mir ihr
Alle, die ihr mühselig und beladen seid, ich will euch er-
quicken‘; Der, den ihr glaubt zu den Todten legen zu können!
Jede Religion, die nicht Religion des Volkes ist,
ist eine falsche Religion; denn das Volk bildet die ungeheuere Mehrheit des Geschlechtes, das nach Religion dürstet
und ohne Religion nicht leben kann.

Doch von Hartmann gibt auch Beweise dafür, daß das
Christenthum todt ist. Dieses steht nämlich, wie uns versichert wird, in feindlichstem Gegensatz gegen alle Wissenschaft und Cultur. Soweit die Wissenschaft mit der Religion übereinstimmt, ist sie ja für den Christen eine über-
flüssige Bestätigung dessen, was keiner Bestätigung bedarf;
soweit sie der Religion widerspricht, ist sie verderblich;
soweit sie dieselbe gar nicht berührt, ist sie ein nutzloses
Forschen über irdische Dinge, das vom christlichen Standpunkt werthlos ist. So habe denn die Kirche, wird uns
weiter versichert, die alten Classiker nur als ein nothwendiges Uebel, aber zugleich als ein Teufelswerk betrachtet,
das man nur ‚unter Bekreuzung und Furcht zur Hand nehmen dürfe‘.

Es ist zu bedauern, daß ein Mann von Geist zu einer
solchen summarischen Verurtheilung des besten Theiles der
Weltgeschichte sich hinreißen läßt. Ein Montesquieu [2],

---

[1] Der alte und der neue Glaube. S. 286.
[2] Esprit des lois. XXIV. 3.

Guizot[1], Victor Cousin[2], Jourdain, Hume[3], Giesebrecht, Herder[4], A. v. Humboldt[5], H. Ritter u. A. haben anders geurtheilt. Ist doch das Wort Bildung, Civilisation, Mönchslatein, ihre Idee dem Geiste christlicher Mönche entstammt und durch sie in's Leben gerufen. Hätte v. Hartmann einen Blick geworfen in die Werke der Schrift-steller des Mittelalters, da ja nach seinen Principien der Haß gegen die Wissenschaft am stärksten sein mußte, eines Aurelius Cassiodorius, Alkuin, Rabanus Maurus, Beda des Ehrwürdigen, in den Polycraticus des Johannes von Salisbury, das Speculum majus und minus des Vincentius von Beauvais, die Werke Dante's, hätte er Ebert's Ge-schichte der christlich-lateinischen Literatur auch nur oberflächlich angesehen, er hätte sich noch einmal besonnen, ehe er solch' ein abfälliges Urtheil aussprach. Ueber des Albertus Magnus Bedeutung hätte er in seiner nächsten Nähe bei A. v. Hum-boldt[6] und H. Ritter[7] Aufschluß erhalten können, und der eine Satz, den wir bei Beda dem Ehrwürdigen lesen: ‚Aut discere aut docere aut scribere dulce habui‘, be-urkundet in unwiderleglicher Weise den Geist, der diese Männer trieb. Doch wie O. v. Hellwald[8] sagt, ‚es muß auch Leute geben, welche an die Religion und besonders an die christliche Kirche die Anforderung stellen, im Handumkehren Völker aus Barbaren in gesittete Nationen zu verwandeln.‘ Wohl hat das Christenthum die Wissenschaft, wie alles Irdische, nicht als

---

[1] Cours d'histoire moderne. VI Leç.

[2] Bei Feugère, Erasme. Paris 1874. p. 208. Cours de 1819.

[3] Richard III. S. 23.

[4] Ideen zur Philosophie der Geschichte. IV. S. 108.

[5] Kosmos. II. S. 20 ss.

[6] Kosmos. II. S. 284. Ueber die historische Entwicklung der geographischen Kenntnisse. I. S. 66. Vgl. Jessen, Botanik der Gegenwart und Vorzeit. 1864. S. 157.

[7] Geschichte der Philosophie. VIII. S. 184 ss.

[8] Culturgeschichte. S. 532.

Selbstzweck betrachtet, sondern sie in den Dienst einer Idee
gestellt, aber der höchsten, der fruchtbarsten, in den Dienst
der Wahrheit, den Dienst der Gottheit: denn Gott ist die
Wahrheit. Darum hat es die Probe des Lebens bestanden,
die Völker des Abendlandes wiedergeboren und gesittet.

Selbst die Kunst darf nach Hartmann vor dem Christenthum keine Gnade finden, und sollen die Bilderstürmer
und Orgelzerstörer die reine christliche Idee für sich haben[1].
Und weil unsere gegenwärtige Kunst sich durch und durch
weltlich d. i. unchristlich zeige, so sei dieß ein weiterer Beweis für die Unchristlichkeit unserer Zeit, was rein unmöglich
wäre, wäre unsere Cultur eine christliche, wie ‚die Theologen sagen‘. Daß unsere Cultur eine christliche sei, das
sagen nicht bloß die Theologen, das sagen auch Männer,
wie S. de Sacy[2], Villemain[3], J. G. Fichte[4],
Dahlmann[5], W. Arnold[6], Bluntschli[7], Fallmerayer[8] u. A.

Hätte von Hartmann auch nur ein einziges Mal die Ge-
bete der Kirche bei Einweihung eines neuen Gotteshauses
gelesen, dann wäre es ihm klar geworden, daß die plastische
Kunst die unmittelbare und nothwendige Offenbarung der
christlichen Idee selbst ist; es wäre ihm auch eine Ahnung
gekommen, daß nur an kirchlichen Aufgaben die Kunst einen

[1] Die Selbstzersetzung des Christenthums. S. 27.
[2] Journal des Débats, 11. Jan. 1866.
[3] L'éloquence au IVme siècle.
[4] Anweisung zum seligen Leben.
[5] Politik. I. S. 343.
[6] Deutsche Urzeit. 1879. Schluß.
[7] Allgem. Staatsrecht. IX. 4.
[8] Gesammelte Schriften. II. S. 202 ff. ‚Die christlich-lateinische
Literatur,‘ sagt Ebert (a. a. O. II. Einl.), ‚hat die Nationalliteratur
gleichsam aufgezogen; sie hat nicht bloß die Beispiele und Muster für
einzelne Gattungen geliefert, sondern unter ihrem Einfluß haben sich
die poetischen Formen wie der Prosastil gebildet.‘

befriedigenden, festen Stil erlangen kann. Wenn aber die
Kunst der Gegenwart sich weltlich zeigt, so ist sie eben da=
durch zugleich von jener Höhe herabgesunken, auf welcher
wir die christliche Kunst von Cimabue und Giotto an bis
Raffael erblicken, zu einem eitlen Spiel der Talente, müßigen
Reizmittel der Sinne; die Prophetin des Göttlichen ist zur
Magd der Lust geworden, und die Sinnlichkeit bis zur Zote
ward ihr Ideal. Gerade dieser Verfall der Kunst, den Alle
beklagen, beweist, daß mit ihrem Abfall vom christlichen Ge=
danken ihr Abfall von sich selbst, und sonach der Nie=
dergang unserer Cultur innigst zusammenhängt.

Sollte die „Religion der Zukunft‘ uns eine neue religiöse
Kunst bringen? Der Pessimismus Buddha's hat ja vor
Jahrtausenden schon sich auf dem Gebiete der Plastik ver=
sucht und seine Götzen dem Volke zur religiösen Erhebung
vorgestellt. Freilich sind es nur grauenhafte Fratzen, und
der ‚innerliche Cultus der neuen Religion‘ bietet wenig Aus=
sicht, schöpferisches Princip einer neuen Kunstperiode zu
werden. In dieser Beziehung kann demnach die Zukunfts=
religion den Völkern am wenigsten versprechen, da in ihr
‚die Wahl der Symbole und die Form der Andachtsübungen
den weitesten Spielraum hat‘ [1].

Vielleicht weiß von Hartmann durch Pflege des ‚religiösen
Individualismus‘, dem ‚die protestantische Sectirerei vorge=
arbeitet hat‘ und der ‚dem deutschen Gemüthe am meisten‘
entspricht, den Cultus derart zu vergeistigen und zu verinner=
lichen, daß nichts mehr davon sichtbar bleibt. Dann wird
Alles vortrefflich von Statten gehen, wie bei der Erfindung
des Perpetuum mobile und der Flugmaschinen — wenn nur
nicht immer gerade ein Umstand noch fehlte. Auch Kaiser
Julian hatte schon den Versuch mit einer neuen philosophisch=
heidnischen Religion gemacht. Hoffentlich ist von Hartmann

---

[1] A. a. O. S. 120.

glücklicher mit der seinen, die nach der ‚Vernichtung‘ der ka=
tholischen Kirche, die er schmäht, weil er sie nicht kennt[1], ihren
Siegeseinzug in die Weltgeschichte halten soll.

Als La Revellière Lepeaux in einer Versammlung zu
Paris seine neue Religion des Theo=Philanthropismus darge=
legt und ihre Ausbreitung als die natürlichste, nothwendigste
und einfachste Sache von der Welt erklärt hatte, erhob sich
unter den Anwesenden Talleyrand, erklärte sich vollkommen
mit der Entwicklung des Redners einverstanden und bemerkte,
nur ein Umstand fehle noch, damit die neue Religion voll=
kommen sei. ‚Und dieser wäre?‘ fragte der Redner. ‚Sie
müssen,‘ antwortete Talleyrand, ‚wie Jesus Christus leiden,
sich kreuzigen lassen, sterben und am dritten Tage wieder
auferstehen.‘

Das müssen Sie auch so machen, Herr von Hartmann;
dann, aber auch nur dann wird der ‚Panmonotheismus‘ die
Religion der Zukunft werden.

---

[1] Dieß beweisen seine Worte in der Phänomenologie, S. 79
und 647.

Namen- und Sachregister.

A.

Apostolicum, das 41, 46, 120.
Arnold 144.
Auctorität, Motiv des Glaubens 121.
Augustinus 5, 6, 7, 58, 121, 124, 129, 133.

B.

Bassermann 59.
Baur, F. Chr. 23, 78.
Bellarmin 120.
Beyschlag 28, 84.
Bibelkritik, die moderne 15.
Biedermann 6, 10, 12, 104, 114.
Bismarck 124.
Bunsen 27.

C.

Calixt 9.
Carlblom 85.
Celsus 71, 139.
Christenthum, Todeserklärung des 3, 136; das, Christi 47; Abfall vom 37, 53.
Christus Gottmensch, nicht bloß Religionsstifter 54; Erlöser, nicht bloß Lehrer 72.
Cousin 143.
Cultur, die christliche 144.

D.

Dahlmann 144.
Daub 102.

Deismus 16.
Doketismus 117.
Dorner 27, 77, 83, 131.

E.

Ebert 143, 144.
Ebionitismus 107.
Ebrard 27.
Epictet 71.
Erfahrung, die, Grund der christlichen Gewißheit 30, 84, 96.
Euhemerismus 17.
Evangelienkritik, die, bei Strauß 15, Chr. Baur 23.
Ewald 27.

F.

Fallmerayer 144.
Fichte, J. G. 70, 144.
Fides fiducialis 73.
Formalprincip, das, im Protestantismus 5, 9, 35.
Fortschritt, der, über das Christenthum hinaus 52, 104.
Fragmentist, der Wolfenbüttler 16.
Franck 71.
Frank 35, 84.

G.

Gefühl, das religiöse, als Ausgangspunkt der Dogmatik 79.
Geiger, A. 67, 68.
Geist, Zeugniß des hl. 30.
Geß 33.

7*